입시에 대한 기독교적 이해

박상진, 김회권, 김창환, 강영택 지음
기독교학교교육연구소 엮음

입시에 대한 기독교적 이해

초판 1쇄 찍은 날·2008년 8월 4일 | 초판 1쇄 펴낸 날·2008년 8월 7일
지은이·박상진 외 | **엮은이**·기독교학교교육연구소 | **펴낸이**·김승태
등록번호·제2-1349호(1992. 3. 31.) | **펴낸 곳**·예영커뮤니케이션
주소·(136-825) 서울 성북구 성북1동 179-56 | **홈페이지** www.jeyoung.com
출판사업부·T. (02)766-8931 F. (02)766-8934 e-mail: edit1@jeyoung.com
출판유통사업부·T. (02)766-7912 F. (02)766-8934 e-mail: sales@jeyoung.com
제작 예영 B&P·T. (02)2249-2506~7

copyright©2008, 기독교학교교육연구소

ISBN 978-89-8350-487-6 (03230)

값 9,000원

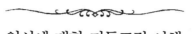

입시에 대한 기독교적 이해

입시는 교육고통의 중심에 위치해 있다. 조기유학, 사교육 팽창, 청소년 자살 등 온갖 교육문제들이 입시에 연유되어 있다. 입시는 아동과 청소년들의 생존권과 수면권, 행복추구권 등 기본적인 인권을 침해할 뿐 아니라 수많은 부모들에게 엄청난 고통을 안겨주고 있다. 특히 대학입시는 중,고등학교 교육은 물론 초등학교 교육과 유치원 교육까지 입시 위주의 교육으로 왜곡시키고 있다. 마치 '붕어빵을 찍듯이' 수능시험에 맞추어 획일적인 교육을 실시하고 있다. 학교에서 인성교육과 성품교육, 그리고 예체능교육은 그 모습을 찾기 어려울 정도로 유명무실해지고 있다. 오직 입시경쟁에서 살아남아 소위 일류대학에 진학하는 것을 '성공'이라고 부르며, 그 경쟁에 학생들을 투입시키는 총성없는 전쟁만이 있을 뿐이다. 스프링밧크의 산양 떼 이야기처럼 이제는 더 이상 앞에 있는 풀을 먹기 위해 움직이는 것이 아니라 옆의 산양보다 먼저 달려야 한다는 경쟁으로 인해 모든 산양 떼가 초원을 지나쳐버리고 마침내 낭떠러지에 떨어져 죽는 것 같은 현상이 오늘의 입시경쟁의 모습이다.

입시에 대해서 기독교인들은 어떤 모습을 지니고 있는가? 한국교회는 입시문제 해결을 위해서 어떤 노력을 기울여 왔는가? 적어도 입시에 대해서

만큼은 기독교인들도 비기독교인들과 크게 다르지 않은 것처럼 보인다. 기독교 신앙이 있더라도 자녀교육, 특히 입시에 대해서는 기독교적 관점을 지니고 이를 실천하기보다는 세속적인 경향을 지닌다. 자녀교육에 있어서 성경적인 기준과 하나님의 방식을 따르기보다는 주위의 다른 사람들을 의식하면서 자녀들을 입시 위주의 교육으로 내몰고 있는 것에서 비기독교인과 차이가 없다. 기독교인 학부모들마저도 소위 '옆집 아주머니'의 영향에서 벗어나지 못하고, 남들처럼 하지 않으면 불안해지고 두려워지는 것이다. 한국의 그리스도인들이 자녀교육에 있어서도 과연 그리스도인인가? 크리스천이면서 부모인 사람은 많지만, 진정한 크리스천 부모는 많지 않은 것이 오늘의 현실이다. 자신의 신앙이 자녀교육, 특히 입시문제까지 연계되어 그 영역에서도 '주님되심'을 인정하는 사람을 찾기가 쉽지 않다. 한국교회는 대부분이 학부모인 교인들에게 기독교적 자녀교육관을 올바로 심어주지 못하였고, 입시에 대한 기독교적 관점을 확립시켜 주지 못하였다. 오히려 교회 안에서조차 입시 위주의 문화가 팽배한 것이 부인할 수 없는 사실이다.

기독교학교교육연구소가 입시를 연구주제로 설정한 것은 입시에 대한 기독교적 관점을 정립하는 것이 가장 중요하다고 보았기 때문이다. 입시에 대한 기독교적 이해가 분명하지 않으면 아무리 기독교가정이라도 세속가정으로 전락해버리고, 건학이념이 좋은 기독교학교라도 세속학교로 전락해 버린다. 심지어 교회학교마저도 입시의 파도가 몰아닥치면 무기력해져서 신앙교육의 주도권마저 상실해버리게 된다. 『입시에 대한 기독교적 이해』는 입시에 관한 3년 연구의 1차년도 결과물로서 입시에 대한 기독교적 논의를 시작했다는 중요한 의의를 갖는다. 입시에 대한 기독교 영역에서의 최초의 논의라고 생각된다. 첫 시도이기에 설익은 부분들이 있을 수 있지만, 입시문제에 대한 기독교적 해결의 실마리를 풀 수 있는 계기가 될 수 있기를 기대한다. 향후 입시에 대한 기독교적 대안 모색에 관한 심도있는 연구가 계속될 것이다. 이 책을 읽는 목회자, 기독교학교 교사, 기독교교육자, 기독학부모 등 모든 분들이 교육 고통에 대해 애통하는 마음을 갖고, 입시에 대한 하나님의 뜻을 깨닫고 이를 실천하는 통로가 될 수 있기를 바란다. 귀한 연구를 수행해 주신 필진들과 이종철, 이수경 연구원을 비롯한 연구소의 동역자들, 그리고 연구에 필요한 재정을 지원해 주신 높은 뜻 숭의 교회와 독수리교육공동체를 비롯한 여러 후원 단체들에게 깊은 감사를 드리며, 이 땅에 하나님의 교육이 펼쳐질 수 있기를 간절히 소망한다.

2008년 8월 아차산 기슭에서
기독교학교교육연구소 소장 박상진

입시에 대한
기독교교육적 이해

박상진 교수

성균관대학교 교육학과(B.A)
서울대학교 대학원 교육학과(M.Ed.)
장로회신학대학교 신학대학원(M.Div)
장로회신학대학교 대학원 기독교교육학과(M.A)
버지니아유니온신학교(Union-PSCE) 기독교교육학과(MA. Ed.D)
한국기독교사회(TCF) 대표간사
현 사단법인 좋은교사 이사
현 기독교학교교육연구소 소장
현 장로회신학대학교 기독교교육과 교수
현 높은뜻숭의교회 석좌교수
현 입시·사교육 바로 세우기 기독교운동 공동대표

기독교학교교육연구소

입시에 대한 기독교교육적 이해*

박상진 소장 | 기독교학교교육연구소, 장신대 교수

I. 서론

한국 교육은 한마디로 입시 위주의 교육이라고 칭할 수 있을 것이다. 입시는 학교교육의 전 과정에 영향을 미치고, 입시 자체가 교육의 목적이 되고 있다. 기독교학교도 입시의 영향에서 벗어날 수 없다. 아무리 건학이념이 기독교적이어도 입시 위주의 교육으로 인하여 그 건학이념은 선언적인 의미만을 지니게 된다. 입시 위주의 교육 현실 속에서 기독교적 교육은 그 자리를 잃고 있는 것이다. 입시의 영향은 가정과 교회에도 파급된다. 많은 경우 기독학부모들이지만 입시에 대해서는 세속적인 가치관을 갖고 있고, 결국 기독교가정교육은 왜곡되는 경우를 볼 수 있다. 교회의 교회학교는 입시의 영향으로 위축되어 있으며, 입시에 대한 기독교적 이해를 지니지 못한 목회자와 교회학교 교사들로 인해 교회마저 왜곡된 기독교교육의 장이 되는 경향이 있다. 본고는 이러한 입시에 대한 기독교교육적 이해를 도모하여, 학생, 부모, 교사, 그리고 목회자들이 입시에 대한 올바른 기독교적 관점을 지님으로 학교, 가정, 교회에서 기독교교육의 정체성이 회복되도록 하는 데에

---

* 이 글은 「기독교교육논총」 제 18집 (2008.6) 에 게재된 내용임

그 목적이 있다.

II. 입시에 관한 기독교교육 연구의 부재 원인

입시는 과연 기독교교육의 주제인가? 아니면 일반 교육의 주제일 뿐 기독교교육과는 관계없는 주제인가? 그동안 수많은 사람에게 고통을 안겨다 주는 입시에 대해 기독교교육은 침묵하고 있는 것처럼 보인다. 기독교교육학 연구에서 입시에 대한 연구는 찾아보기 어렵고, 수많은 기독교교육 관련 서적들 가운데 입시에 관한 책을 발견하기가 어렵다. 매학기 수많은 기독교교육 석, 박사 논문들이 쏟아져 나오지만 입시에 관한 논문을 찾기도 쉽지 않다. 기독교교육의 다양한 세미나들도 거의 교회학교 성장에 초점이 맞추어져 있을 뿐 입시 문제는 외면하고 있는 것처럼 보인다. 과연 입시는 기독교교육의 관심 밖에 있는가? 여기에서는 먼저 입시가 왜 기독교교육의 관심에서 벗어나 있었는지를 분석하고, 입시가 기독교교육 연구의 핵심 주제가 되어야 함을 밝히고자 한다.

1. 교회교육의 포로

입시에 관한 기독교교육적 관심과 이에 대한 기독교교육적 연구가 거의 이루어지지 않은 이유 중의 하나는 기독교교육에 대한 협소한 이해 때문이다. 그동안 기독교교육은 교회교육과 동일시되는 경향이 있어왔다. 교회교육 가운데서도 소위 주일학교(Sunday school) 또는 교회학교(Church school) 교육으로 축소되어 이해되어 왔다. 대부분의 교회들이 교인 자녀들의 신앙성숙에 초점을 맞추어 왔고, 교회학교에서 이루어지는 교육을 기독교교육으로 불러왔다. 좀 더 기독교교육의 범주를 확대한 경우도 성인교육까지를 포함하는 교회교육(Church education) 정도로 인식해 왔다. 그러나 기독교교육은 교회교육이나 더욱이 교회학교 교육으로 국한되는 것이 아니다.[1] 학교에서 이루어지는 교육도 하나님의 주권 아래에 있으며, '모든 진리는 하나님의 진리이다'(All truth is God's truth.)[2]는 말처럼 교회교육만이 아니라 일반교육의 영역에서도 하나님의 교육이 이루어지도록 해야 한다. 이렇듯 기독교교육의 관심을 교회 안으로만 국한시키지 않고 교회 밖에서 이루어지는 학교교육의 영역까지를 포함하게 될 때 입시는 가장 중요한 기독교교육적 주제로 떠오르게 된다.

2. 신앙에 대한 협소한 이해

기독교교육 연구에 있어서 입시문제를 다룬 연구가 부족한 이유 중의 하나가 한국교회의 신앙에 대한 협소한 이해라고 할 수 있다. 신앙을 소위 영적인 문제로 여기고, 기독교교육을 영적 성숙의 과정으로 제한하여 이해하려는 경향이 있다. 이런 신앙에 대한 협소한 이해는 이원론적 신앙 이해와 무관하지 않다. 학생들의 신앙생활이 마치 학업이나 진로와는 분리되어 존재할 수 있는 영역으로 이해하고, 주일과 평일, 교회와 학교 및 사회, 그리고 영적인 것과 세속적인 것을 분리하려는 경향을 볼 수 있다. 이러한 입장에서는 입시를 세속적인 영역으로 이해하고, 일반 교육학에서 입시에 관한 연구를 하는 것은 당연시 하지만 입시문제가 기독교교육학의 연구 주제일 수 있다는 생각을 하지 못한다. 만약 학생들의 전인적인 삶(whole life)이 신앙과 관련되며 학생들의 학업과 진로가 기독교교육의 주된 관심이라는 사실을 깨

---

1) 기독교교육의 장이 교회교육만이 아니라 학교교육을 포함하는 보다 광범위한 영역임을 밝히는 글은 은준관, 『기독교교육현장론』 (서울: 대한기독교서회, 1998), 박상진, 『기독교학교교육론』 (서울: 예영커뮤니케이션, 2006) 참조.
2) Arthur F. Holmes, *All Truth is God's Truth*, 서원모 역, 『모든 진리는 하나님의 진리이다』 (서울: 크리스천다이제스트, 1991).

닫는다면 수많은 학생들이 바로 이 문제 때문에 고통당하며 심지어는 자살을 시도하는 입시문제를 외면할 수는 없을 것이다. 그리고 신앙을 협소하게 이해하지 않고 학생들의 삶의 여정 전체를 기독교교육적 관심으로 삼는다면 입시문제는 무엇보다 중요한 연구 주제로 부각될 것이다.

3. 입시에 대한 고정된 인식

입시에 대한 기독교교육 연구가 부족한 또 하나의 이유는 입시라는 현상을 고정되어 있는 '주어진 현실'로 받아들이는 경향 때문일 것이다. 입시는 이미 교회와 기독교학교 밖에 존재하는 사회적 현실로서 이해하고 이러한 입시의 영향에 대한 수세적인 방어만을 하기에 급급한 경향이 있어 왔다. 많은 한국교회들이 수능 시험을 앞두고 수험생을 위한 기도회를 개최하고 심지어 수능 백일 기도회를 개최하기도 한다. 이러한 기도회는 필요하고 실제적으로 많은 수험생들이 도움을 받고 있지만, 문제는 그 입시에 대한 개혁과 변혁을 위한 노력에는 너무나 무관심하다는 사실이다. 입시를 고정된 것으로 보고 그 입시를 어떻게 효과적으로 대처할 것인가를 생각한 나머지 그 입시를 기독교적으로 변화시키는 일에는 큰 관심을 갖지 못한 것이다. 그러나 입시는 고정된 것도 아니고 손을 댈 수 없는 신성불가침의 영역도 아니다. 입시제도와 정책, 그리고 입시에 대한 의식들은 얼마든지 변화될 수 있고 또한 변화되어야 하는 대상이다. 한국교회와 기독교계는 입시에 대한 이런 고정적인 인식에서 탈피하여 입시에 대한 기독교적인 대안을 모색할 수 있어야 할 것이다.

4. 교육과 기독교교육의 괴리

교육학과 기독교교육학의 연계성 부족도 입시에 대한 기독교교육적 연구가 제대로 이루어지지 못하는 이유 중의 하나이다. 기독교교육을 이해할 때 '교육 전반에 대한 기독교적 접근'으로 이해하지 못하고, 기독교'를' 가르치는 교육, 또는 기독교'가' 가르치는 교육으로 이해하는 경향이 있어왔다. 그래서 성경과 교리, 좁은 의미의 신앙에 관한 내용을 가르치는 것을 기독교교육으로 생각한 나머지 일반 교과목에 대한 교육은 기독교교육 영역 밖이라고 생각한 것이다. 이는 학문적으로는 교육학과 기독교교육학의 괴리 현상으로 나타난다. 교육현상이 모두 기독교교육학적 탐구 대상이 될 수 있고 또한 되어야 함에도 불구하고 입시를 비롯한 교육주제들은 일반 교육학의 대상으로 인식한 나머지 기독교교육적 탐구를 시도하지 않았다. 교육학을 전공하는 기독교인 학자들도 기독교적으로 신앙과 전공을 통합하는 연구를 수행하지는 못해왔다. 교육학자들과 기독교교육학자들이 공동의 학문적 노력을 기울일 수 있다면 입시에 대한 기독교교육학적 탐구는 보다 심도 있게 이루어질 수 있을 것이다.

5. 간학문적 연구 결여

입시 문제는 매우 복합적이고 종합적이다. 입시현상은 단순히 교육적인 현상만이 아니라 다양한 요인들이 작용하는 다층적 현상이다. 입시현상은 사회계층 이동의 욕구와 직결되어 있고, 사회적 선발의 성격을 지니고 있기 때문에 사회적 현상이다. 동시에 입시정책이 결정되는 모든 과정이 정치적이며 대통령을 비롯한 정치인들의 가장 큰 관심으로 부각된 정치현상이다. 또한 사교육비라는 가정의 경제적 요소는 물론 입시를 둘러싼 조기유학, 고액과외 및 학원, 이와 연계된 부동산 문제 등이 복합적으로 연루되어 있기 때문에 입시는 경제적 현상이기도 하다. 또한 입시 경쟁이 과열되는 데에는 한국인의 의식구조와 문화적 영향력이 심대함을 부인할 수 없다는 점에서 입시는 문화적 현상이다. 뿐만 아니라 입시는 이미 종교적 현상이 되었다. 입시는 수능 백일기도회를 비롯한 종교 행위의 대상이 되었으며, 입시 현상 속에 종교적 가치관과 이데올로기가 깊이 연루되어 있다. 이렇듯 입시는 다측면적 현상이기 때문에 다양한 학문적 접근과 간 학문적 연구를 통해서 그 실상을 밝힐 수 있다. 지금까지 간 학문적 연구가 부족한 것도 입시에 대한 본격적인 연구가 제대로 이루어지지 못한 한 요인이라고 할 수 있다.

III. 입시에 대한 기독교교육적 이해의 구조

입시라는 교육현상을 어떻게 이해하느냐는 관점에 따라 다를 수 있다. 미시적으로 보는 것과 거시적으로 보는 것이 다르며, 교육내적인 논리로 보는 것과 교육외적인 논리로 보는 것이 다르다. 교육과정학의 입장에서 접근하는 것과 교육사회학의 입장에서 접근하는 것도 다를 수 있다. 중요한 것은 어느 한 측면만을 보면서 전체를 이해한다고 생각하는 오류를 범하지 말아야 한다는 사실이다. 여기에서는 먼저 입시에 대한 기독교교육적 이해의 삼중적 구조를 살피고, 입시에 대한 기독교적 이해의 방식에 따른 기독교교육의 유형을 살펴보고, 특히 입시경쟁에 대한 기독교교육적 이해를 도모하고자 한다.

〈그림 1〉 입시에 대한 기독교교육적 이해의 삼중적 구조

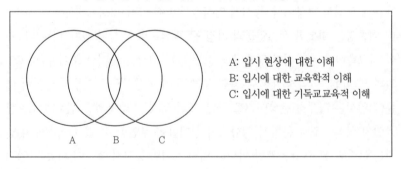

A: 입시 현상에 대한 이해
B: 입시에 대한 교육학적 이해
C: 입시에 대한 기독교교육적 이해

1. 입시에 대한 삼중적 이해

입시에 대한 기독교교육적 이해는 삼중적 구조를 지니고 있다. 먼저 입시 현상에 대한 이해가 필요하며, 이러한 입시에 대한 교육학적 성찰에 대한 이해가 필요하며, 또한 입시 현상과 교육학적 성찰에 대한 기독교적 조망과 비판이 필요하다. 이를 그림으로 나타내면 다음과 같다.

위의 그림에서 A는 입시에 대한 현상적 이해를 의미한다. 모든 입시에 대한 교육적 이해와 기독교교육적 이해는 여기에서 출발한다. 물론 현상적 이해도 어떤 시각에서 보느냐에 따라 다를 수 있다. 교육학적 현상이해를 A'라고 하고 기독교교육적 현상이해를 A"라고 한다면 그 안에서도 다양한 시각이 있을 수 있다. B는 그러한 입시 현상에 대해서 교육학적 대안 모색을 의미한다. B는 상당부분 A를 인정하면서도 왜곡된 입시 현상에 대한 비판을 제기한다. A와 B의 공통집합은 현재의 입시에 대해 수용하는 부분을 의미한다면 A에 대한 B의 여집합 부분은 현재의 입시 현상을 비판하는 부분이라고 할 수 있다. 또한 B에 대한 A의 여집합 부분은 현재의 입시에 대한 새로운 대안 부분이다. 기독교교육적 입시 이해는 C로서 입시 현상에 대해 받아들이는 A와 C의 공통집합 부분이 있지만, A에 대한 C의 여집합과 같이 기존 입시 현상에 대해 비판하는 부분이 있다. 또한 교육학적 이해를 공유하는 부분인 B와 C의 공통집합이 있는가 하면, B에 대한 C의 여집합과 같은 교육학적 이해에는 해당하지만 기독교교육적 이해로는 받아들일 수 없는 부분이 있다. 그리고 기독교교육적 이해는 C에 대한 B의 여집합과 같이 교육학적 이해와는 전혀 다른 기독교교육의 독특한 이해와 이로 인한 대안 제시가 있을 수 있다.

이러한 다이어그램을 통해 설명할 수 있는 것은 기독교교육적 이해가 입시 현상이나 입시에 대한 교육학적 이해와는 별도로 존재하는 것이 아니라는 점이다. 기독교적(신학적) 이해의 독특성을 견지하되 입시 현상에 대한 사회과학적 이해 및 교육학적 이해와 상당부분 공통분모를 갖고 있다. 그렇기 때문에 입시에 대한 기독교교육적 이해는 이러한 타학문과 타 분야와의 상호 대화 없이 단독적으로 존재할 수 있는 것이 아니다. 입시에 대한 올바른 기독교교육적 이해는 입시 현상에 대한 이해와 이에 대한 교육학적 이해와 소통 가능한 방식을 취해야 한다. 이것이 기독교적 입시 연구가 간학문적 성격을 지녀야 하는 이유이기도 하다. 그러나 동시에 기독교교육적 입시 이해는 기독교적 가치관에 입각한 관점이라는 점에서 다른 접근과는 구별되는 독특성을 갖는다. 이러한 독특성을 상실하게 되면 단순히 교육적 이해나 사회과학적 이해 또는 주관적인 주장으로 전락하게 된다. 이 기독교적 독특성은 기독교 경전인 성경에 기초하며, 기독교의 전통과 기독교공동체인 교회와 가치를 공유하되 성경에 근거하여 끊임없이 개혁되고 갱신되어야 할 것이다.

대부분의 기독교학교나 기독교가정, 그리고 교회가 입시에 대한 이해에서 겪는 갈등은 이러한 삼중적 이해 사이의 긴장 때문인데, 이러한 긴장이 어느 한 쪽으로 기울게 되면 입시에 대한 기독교교육적 이해를 상실하게 된다. 입시에 대한 기독교교육적 이해를 갖는다는 것은 이러한 삼중적 이해를 통합하는 방식을 갖는 것이라고 할 수 있다.

2. 입시에 대한 기독교교육의 유형

'기독교적 입시 이해'가 어떠한가에 따라 크게 네 종류의 기독교교육의 유형으로 분류할 수 있다. 입시에 대한 기독교교육 유형은 '입시'와 '기독교'가 어떻게 관련 맺느냐에 따른 유형 구분을 의미한다. 여기에서는 기독교학교의 유형에 초점을 맞추지만 이러한 유형 구분은 비단 기독교학교만 해당되는 것이 아니라 기독교가정이나 교회에도 적용될 수 있다.

1) 세속 모델

'입시'만을 강조하는 기독교학교로서, 입시현상에 매몰된 유형이다. 이 유형은 세속화 모델이라고 부를 수 있는데 현재의 과열 입시경쟁에 그대로 편입되어 있는 경우이다. 기독교학교라는 이름은 가졌으나 입시 현상이 그 학교를 지배하고 있기 때문에 입시 위주의 교육을 실시할 뿐 입시에 대한 기독교적 접근이 이루어지지 않은 학교이다. 소위 일류대학에 몇 명을 합격시키느냐에 모든 관심이 집중된 형태의 교육이 이루어지게 된다. 기독교가정이면서도 입시만을 강조한다면 이 유형에 속할 수 있다. 한국의 대부분의 기독교인 학부모들은 입시 문제에 있어서는 세속적인 가치관을 지니고 자녀들에게 입시경쟁만을 강조하는 경향이 있다. 입시만을 강조하는 교회가 있을 수는 없지만 교회에서마저 세속주의적 입시이해가 팽배한 것은 이 유형과 관련되어 있음을 부인할 수 없다.

2) 비판 모델

'기독교'만을 강조하는 기독교학교로서 반입시적 성격을 띠는 유형이다. 이 유형은 비판 모델이라고 부를 수 있는데 대안학교의 형태로 설립된 기독교학교들 가운데 이런 유형을 찾아볼 수 있다. 설립목적부터 이러한 입시 위주의 교육에 대한 비판과 대안제시의 성격을 지니고 있는 학교들이다. 물론 이 유형에서도 기독교를 어떻게 이해하느냐에 따라 다양한 유형이 나타날 수 있지만 입시에 대한 의도적인 무관심 또는 부정적 비판의식을 지니고 있다는 점에서 공통된 특징을 지니고 있다. 기독교가정의 경우 이러한 유형은 많이 찾아볼 수는 없지만 일부 종교적인 이유로 홈스쿨링을 하는 가정이나 근본주의적 성향을 지닌 가정에서 이런 유형의 교육이 이루어지는 경우가 있다. 교회교육에 있어서 입시나 학교교육 자체를 부정적으로 인식하게 하고 교회에서의 신앙생활만을 강조하는 경우도 이 유형에 속하게 된다.

3) 분리 모델

'기독교'와 '입시'를 각각 강조하지만 이 두 가지가 분리되어 존재하는 유형이다. 이런 점에서 이 유형은 분리 모델이라고 부를 수 있다. 학교에 예배 시간과 성경(종교)과목 시간이 있어서 신앙교육을 강조하면서, 동시에 철저하게 입시 위주의 교육을 실시하는 유형의 기독교학교이다. 여기에서 '기독교'와 '입시'가 내면적으로 연관 지어지지 않은 채 이원론적으로 존재하는 경향이 있는데, 기독교적 신앙교육의 노력들이 입시를 기독교적으로 바라보게 하기보다는 교육과는 분리된 채 이루어지거나 입시 위주의 교육을 강화하는 수단으로만 기능하는 경우이다. 기독교가정에서도 부모들이 세속적인 입시관을 그대로 지닌 채 예배와 기도를 통해 이러한 입시경쟁에서 자녀들이 성공하도록 강화하려고 한다면 이 유형에 속할 것이다. 교회도 입시에 대한 기독교적 관점을 제공하지 않고 수능기도회만을 개최한다면 이 유형의 범주에 속할 수 있다.

4) 통합 모델

'기독교'와 '입시'가 분리되지 않고 통합되는 유형으로서 통합 모델이라고 부를 수 있다. 입시에 대해 기독교적으로 바라보는 시각을 갖고, 기독교적 비전 안에서 입시의 본래 위치를 찾아주며, 입시가 왜 왜곡되었는지 성경적인 관점, 즉, 창조-타락-구속의 관점에서 이해하도록 돕는다. 그리고 기독교적 가치관과 입시를 연결할 수 있도록 격려함으로써 자신의 삶과 하나님의 뜻, 하나님의 나라의 관점에서 입시를 이해하고 느끼며 기독교적 태도를 지니고 실천하도록 하는 유형이다. 입시는 기독교적 관점 안에서 비로소 그 정체가 분명해지며 입시 자체가 목적이 아니라 하나님의 뜻을 이루는 통로로서 재해석된다. '기독교'와 '입시'가 이원론적으로 분리되어 존재하는 것이 아니라 건강하게 통합된 기독교적 입시이해를 지니는 것이다. 기독교학교가 입시에 대해 지녀야 할 올바른 모델은 바로 이 통합 모델일 것이다. 신앙과 삶이 하나가 되고, 신앙고백과 실천이 통합된다. 기독교가정과 교회에서도 이러한 통합이 이루어질 때 입시는 신앙성숙의 중요한 과정으로 자리잡게 되고, 입시는 가장 좋은 기독교교육의 기회가 될 수 있다.

3. 입시경쟁에 대한 기독교적 이해

입시를 기독교적으로 이해하기 위한 가장 핵심적인 과제 중의 하나가 입시경쟁을 어떻게 이해하느냐의 문제일 것이다. 오늘날 입시 문제가 심각한 사회적 이슈가 되는 것은 입시가 과도한 경쟁을 유발하기 때문이고, 대부분의 입시의 부작용은 이러한 과열 경쟁에 기인하고 있다. 입시가 경쟁적 성격을 띠게 되는 것은 입시가 사회적 선발기능을 담당하고 있기 때문이다. 입시를 어떻게 치르느냐에 의해서 상위 학교가 선택되어지고 그 학교에 선택되어지는 것이 단지 교육적 선발(educational selection)만을 의미하는 것이 아니라 그 학생의 향후 사회경제적 지위에 영향을 끼치게 되는 사회적 선발(social selection) 기능도 지니게 된다. 우리나라의 높은 교육열과 과열 입시 경쟁은 이러한 사회계층의 상승이동에 대한 욕구에 기인한다고 볼 수 있으며, 이것이 유교문화에서의 입신양명이나 체면문화, 그리고 출세주의의 가치관과 결합되어 오늘날의 극심한 입시경쟁을 일으키고 있다고 볼 수 있다. 교육이 '자아실현'이나 '진리탐구' 또는 '홍익인간'의 이념을 실현하는 등의 내재적 가치를 추구하는 기능만이 아니라 사회적 지위를 결정짓는 외재적 가치와 사회적 선발기능을 지니고 있다는 점을 깊이 인식할 때, 입시경쟁의 본질을 제대로 파악할 수 있을 것이다.[3]

입시의 가장 심각한 문제는 경쟁의 문제이다. 모두 원하는 대학에 들어갈 수 있다면 오늘날과 같은 입시경쟁의 문제는 발생하지 않을 것이다. 입

---

3) 박상진, "기독교 평화교육의 관점에서 본 시험에 관한 연구," 고용수 외, 『평화와 기독교교육』 (서울: 장로회신학대학교 기독교교육연구원, 2007), 189-219.

학하고 싶은 대학이나 전공과의 정원은 정해져있고 지원하는 자가 많기 때문에 과열 경쟁이 생기고, 이러한 경쟁에서 이기기 위해 정규 학교 수업 외에 학원이나 과외 등 소위 사교육을 받게 된다. 송순재는 입시에서 경쟁이 발생하는 것은 크게 두 가지 요인 때문이라고 진단한다. 하나는 '사회적 희소성'으로서 '제한된 기회'와 '자유경쟁체제'가 맞부딪혀서 발생하는 '상호 배타적 목표달성' 때문이라는 것이다.[4] 이러한 경쟁은 '나의 성공은 상대방의 실패를 전제'하는 상호 부정적 관계를 성립하게 된다. 다른 하나는 '심리적 요인'으로서 "타자에 대한 지배를 통해서 인생의 쾌감을 향유하고픈 욕구의 반영"이다.[5]

송순재는 이러한 경쟁의 본성을 토마스 홉스(Thomas Hobbes)가 그의 '국가론'에서 말하는 '만인에 대한 만인의 전쟁'으로 설명하고 있다.[6] 홉스는 자연 상태의 인간 본성에 내재된 힘은 자기생존과 자기보호를 가능케 한다는 점에서 긍정적인 힘이지만 동시에 타자를 향해서 행사되는 무자비하고 폭력적인 힘이다. 인간은 끊임없이 이러한 힘을 행사하면서 경쟁하는 존재로 인식된다. 입시 경쟁도 이런 인간의 본성적인 욕구의 충돌로서 이해될 수 있을 것이다.

교육에서 일어나는 모든 경쟁에 일반화할 수는 없겠지만, 입시경쟁이 부정적인 의미를 갖는 것은 입시에서의 경쟁이 교육적으로 의미 없는 경쟁, 비교육적인 경쟁이기 때문이다. 강무섭은 입시에서 발생하는 교육경쟁의 부적합성, 비인간성, 비정상성을 밝히고 있다. 교육경쟁의 부적합성은 "자신의 성장, 발달 그리고 자기 자신의 지적인 능력의 향상이 교육을 통하여 얼마만큼 이루어졌는가를 확인하는 것"이 아니라 경쟁의 대상이 타인 지향적이고 경쟁의 목표도 시험성적이나 학력취득과 같은 외재적 가치에 두고 있다는 점

---

4) 송순재, 『대학입시와 교육제도의 스펙트럼』 (서울: 학지사, 2007), 294.
5) 위의 책, 295.
6) 위의 책, 296.

이다. 교육경쟁의 비인간성은 그 경쟁이 학생 개개인의 소질과 능력, 개인차를 고려하고, 지, 덕, 체의 전인적인 성숙을 꾀하는 것이 아니라 지적 능력에만 치중되어 있기 때문에 나타난다. 교육경쟁의 비정상성은 경쟁을 위해서는 수단과 방법을 가리지 않고 이루어짐을 의미한다. 진정한 경쟁은 그 과정과 방법에 있어서도 공정하여야 하는데 경제력과 같은 교육 외적인 요인에 의해서 경쟁의 공정성이 왜곡되고 있기 때문이다.[7] 이러한 입시경쟁의 부적합성, 비인간성, 비정상성은 왜곡된 인간의 욕구와 관련되어 있다.

기독교적으로 입시경쟁을 이해할 때 이러한 경쟁이 유발되는 근저에는 인간의 욕망이 자리잡고 있음을 보게 되고, 이는 입시 문제가 단순히 교육적, 사회적 현상만이 아니라 종교적 현상이요 영적 현상임을 의미하는 것이다. 대학의 정원은 제한되어 있고 더군다나 소위 일류대학의 정원은 극히 제한되어 있다. 그 정원 안에 포함되기 위해서는 '성적'자체보다는 '석차'가 중요하며, 그러한 석차를 얻기 위해서는 만인을 향한 무한한 경쟁을 해야 한다. '행복은 성적순이 아니잖아요'라는 신음소리는 바로 이러한 왜곡된 경쟁의 산물이라고 할 수 있고, 그러한 경쟁을 추구하게 하는 욕구의 산물이라고 할 수 있다. 이러한 현상의 밑바탕에 깔려있는 것은 헨리 나우웬의 표현에 의하면 '상향성의 욕구'이다. 끝없이 올라가려는 욕망, 마치 바벨탑을 쌓던 인간들처럼 상향성을 추구하는 욕망이다.

성경에 나타나 있는 창조, 타락, 구속의 세계관으로 볼 때, 이러한 인간의 탐욕은 하나님께서 창조하신 본래 인간의 모습이 아니라 죄로 인해 타락한 인간의 본성이다. 이것은 하나님과의 관계가 상실된 채 제한된 피조세계를 소유하기 위한 인간들 상호간의 끊임없는 다툼으로 이어지게 된다. 과열 입시경쟁이라는 현상은 인간이 범죄하고 타락함으로써 드러내는 한 증상이

---

7) 강무섭, 『입시 위주교육 해소 대책 탐색을 위한 기본 입장과 접근』, 한국교육개발원, 1991, 1-2.

라고 할 수 있다. 기독교는 이러한 무한 경쟁적 다툼에 대한 대안적 가치관을 제시한다. 예수 그리스도의 십자가는 끊임없이 상향성을 추구하는 경쟁주의가 아니라 오히려 '하향성의 삶'을 실천하는 섬김을 의미한다. 타락한 인간과 이 세상을 원래 하나님이 창조하신 '하나님의 나라'로 회복하며, 상호 간의 경쟁이 아니라 하나님과의 관계 회복을 통해 나 자신의 정체성의 회복은 물론 공동체가 회복될 것을 추구한다.

기독교적 가치관은 경쟁주의를 배격하지만 이것이 탁월성을 배격하는 것을 의미하지는 않는다. 성경은 인간이 하나님의 형상으로 지음 받았음을 강조하며 모두에게 독특한 은사와 재능을 주셨음을 강조한다. 이러한 가능성을 최대한 개발하여 탁월한 수준에 이르는 것, 그로 인해 하나님의 나라가 확장되는 것이 하나님의 뜻이다. 이런 점에서 입시에 대한 기독교적 관점이 '반지성주의,' '반입시주의'로 흐르거나 '무지'나 '지적 나태'를 정당화하는 것이 되어서는 안 될 것이다. 입시에 대한 기독교적 관점은 입시경쟁주의로 나아가는 것이 아니라 탁월성을 추구하면서도 경쟁주의를 극복하고, 자신의 가능성을 극대화하면서도 공동체를 섬기고 하나님 나라를 확장하도록 하는 기독교교육의 기회로써 인식하는 것이다. 기독교인들부터 입시에 대한 이런 기독교적 관점을 지니고 이를 실천해 나가는 것이 입시에 대한 기독교적 변혁의 첫걸음이 될 것이다.

IV. 입시에 대한 기독교교육적 분석: 문화적 접근

입시에 대한 기독교교육적 이해를 추구할 때 중요하게 고려되어야 할 요소가 문화적 요인이다.[8] 한국인의 입시에 대한 의식은 한국인의 문화와

---

8) 입시에 대한 연구는 크게 세 가지 부류로 나눌 수 있다. 첫째는 입시의 내적 과정에 초점을 둠으로써 입시제도와 입시와 직접적으로 관련된 사안들을 변화시키려는 접근이다. 입학시험 출제방식의 변화나 입시제도

분리해서 생각할 수 없다. 한국에서의 입시경쟁이 세계의 다른 나라와 비교해 볼 때 그 과열 현상이 심각한 것은 한국인이 지니고 있는 의식구조와 문화와 관련되어 있기 때문이다. 입시에 대한 기독교교육적 분석은 그러한 문화 속에 내재된 가치관이 과연 기독교적인가를 물음으로써 시작될 수 있다. 여기에서는 최근 한국인의 의식구조에 대해 '문화적 문법'으로 이해하고 접근하는 정수복의 이론에 근거하여 입시에 작용하는 한국인의 가치관을 분석하고, 이로 인해 한국인, 특히 기독교인들마저도 공유하고 있는 입시 이데올로기를 파악하고, 이것들이 어떻게 교육을 왜곡시키며, 또한 이를 어떻게 종교가 강화시키고 있는지를 조명하려고 한다.

1. 한국의 문화적 문법과 기독교

한국인은 한국의 문화적 문법에 의해 깊은 영향을 받고 있으며, 입시에 대한 이해도 이러한 문화적 문법에 의해서 이루어지고 있다. 정수복은 그의 책 '한국인의 문화적 문법'에서 문화적 문법을 "사회구성원들의 행위의 밑바닥을 가로지르는 공통의 사고방식"이라고 지칭하면서 "그 문화를 공유하는 구성원들 사이에 당연한 것으로 받아들여져 거의 의식되지 않는 상태에 있으면서 구성원들의 행위에 일정한 방향을 부여하는 문화적 의미체계"로 정의하고 있다.[9] 이 정의에 따르면, 입시에 대한 한국인의 인식과 태도, 행위

의 수정 및 보완, 사교육비 경감을 위한 노력, 고등학교 교육의 정상화를 위한 방안 등을 연구한다. 둘째는 입시경쟁이 유발될 수밖에 없는 사회적 구조의 변화에 초점을 맞추는 방식이다. 학력에 따른 기업체의 임금 격차 문제, 대학의 서열화 문제, 그리고 보다 근본적인 대책으로서의 사회적 평등을 위한 구조적 변화에 관한 연구이다. 소위 입시에 대한 정치경제학적 접근이 여기에 해당한다고 볼 수 있다. 셋째는 입시에 대한 문화적 접근으로서 우리나라 입시경쟁이 지니는 문화적 특성을 밝히는 연구들이다. 입시를 대하는 사람들의 의식구조, 그리고 그런 의식구조를 지니게 된 문화적인 영향 등을 탐구하며, 이러한 의식의 변화를 통해 입시문제를 해결하려는 노력들이 여기에 해당된다. 여기에서는 이 세 가지의 연구들이 분리될 수 없으며 상호 밀접히 관련되어 있음을 인정하되, 입시에 대한 의식이 문화적으로 깊은 영향을 받고 있음을 밝히고 기독교적인 시각에서 입시를 조명함으로 입시에 대한 새로운 인식을 지니고자 한다
9) 정수복, 『한국인의 문화적 문법: 당연의 세계 낯설게 보기』 (서울: 생각의 나무, 2007), 46.

에는 어떤 문화적 문법이 작용하고 있음을 예견할 수 있다. 학부모들이 당연한 것으로 받아들이기 때문에 거의 의식되지 않은 채 공유하고 있는 어떤 의식들이 있고, 이러한 '문화적 문법'에 의해서 입시에 대한 다양한 행동들이 표출되는 것이다.

정수복은 문화적 문법을 또한 '근본적 문법'과 '파생적 문법'으로 구분하고 있는데, 근본적 문법은 개화기 이전 한국의 종교사상, 문화전통을 바탕으로 형성된 문화적 문법으로 보았고, 파생적 문법은 19세기 후반 서구의 근대성을 만나면서 형성된 문화적 문법을 말한다.[10] 그는 근본적 문법으로서 현세적 물질주의, 감정 우선주의, 가족주의, 연고주의, 권위주의, 갈등회피주의 등을 들고 있고, 파생적 문법으로 감상적 민족주의, 국가중심주의, 속도지상주의, 근거없는 낙관주의, 수단방법 중심주의, 그리고 이중규범주의 등을 들고 있다. 이러한 한국의 문화적 문법은 입시에 대한 한국인의 의식구조와 깊이 연관되어 있음을 알 수 있다. 한국의 과열된 입시경쟁 현상은 이러한 한국의 문화적 문법이 표출된 하나의 증상이라고 할 수 있다. 기독교인들도 이러한 문화적 문법의 영향에서부터 예외가 아니다. 기독교적인 가치관이 존재하지만 이러한 문화적 문법의 영향으로 말미암아 서양의 다른 민족이 경험하는 기독교와는 다른 '한국적인 기독교'라는 문화적 형태를 지니게 되는 것이다. 한국의 기독교인들이 자녀들의 입시에 대해서 갖는 의식이 비기독교인들의 그것과 크게 다르지 않은 것은 이미 한국의 기독교가 상당부분 한국의 문화적 문법에 영향을 받은 '한국적인 기독교'이기 때문이라는 설명이 가능할 것이다.

---

10) 위의 책, 106.

2. 입시에 작용하는 문화적 문법: 입시 이데올로기

우리나라의 입시경쟁은 서양의 다른 나라의 입시경쟁과는 그 양상이 사뭇 다르다. 이는 교육제도의 차이나 사회구조의 차이에도 연유하지만 상당 부분 문화적인 차이에 기인한다. 무교와 유교라는 종교적, 정신적 영향과 오랜 기간동안 한국인의 의식구조를 지배해 온 문화적 성향들이 이런 형태의 과열 입시경쟁이라는 하나의 현상을 이루었다고 볼 수 있다. 이는 반대로 이러한 문화와 의식의 변화는 입시에 대한 새로운 이해를 가능케 할 수 있다는 함의를 지니고 있다. 여기에서는 우리나라 입시에 작용하는 문화적 문법을 분석함으로 한국인이 지니고 있는 입시 이데올로기가 무엇인지를 밝히고자 한다.

1) 입시 출세주의

한국인의 문화적 문법으로서 의식 밑바탕에 자리잡고 있는 것이 현세적 물질주의이다. 현세적 물질주의는 오늘날 한국의 입시 경쟁의 근저를 이루고 있는데, 입시 출세주의 형태로 나타나게 된다. 정수복은 현세적 물질주의를 "지금 살고 있는 이곳에서의 물질적 행복을 인생의 최고 가치로 놓는 가치관"으로 정의하고 이러한 가치관으로 인해 한국 사람들은 물질적 풍요와 장수, 자녀들의 일류학교 입학, 좋은 회사 입사, 그리고 좋은 가문과의 결혼을 추구한다고 보았다.[11] 우리나라에서의 현세적 물질주의는 무교와 유교로부터 강한 영향을 받은 것으로 보이는데, 불교와 기독교도 이러한 현세적 물질주의와 결합되면서 본래의 모습을 상실한 채 현세적 물질주의를 정당화하고 강화하는 모습으로 변질되는 경향이 있다. 현세적 물질주의는 쉽게 출세지상주의로 이어지는데, 입시는 이런 출세지상주의의 가장 중요한

---

11) 위의 책, 110.

통로가 되고 있다.

이미나의 연구 '대학입시의 의미와 그 내적 논리'에 의하면 학생들이 대학입시에서의 성공을 인생의 성공으로 인식하고 있다는 것이다. 대학진학 동기를 묻는 질문에서 '대학 가야 사람대접을 받으므로'가 44%로 가장 높은 비중을 차지했으며, 그 다음이 '좋은 직장에 취직하고 사회적으로 출세하기 위해'가 18%를 차지하는 것으로 나타났다.[12] 그런데 입시 출세주의는 현세적 물질주의라는 문화적 문법이나 의식구조만으로 설명하기는 어렵다. 왜냐하면 실제적으로 한국사회는 입시가 출세의 중요한 통로가 되는 사회적 구조를 지니고 있기 때문이다. 입시를 정치경제학적으로 이해할 때 입시경쟁은 자본주의 사회 내에서 이루어지는 다양한 경쟁유형들 가운데 하나이다.[13] 이두휴의 '교육경쟁의 정치경제학적 분석'에 의하면 입시경쟁은 "상급학교에의 입학이라는 사회적 재화를 둘러싸고 교사, 학생, 학부모간에 맺어지고 있는 사회적 관계"[14] 로 이해될 수 있는데, 이러한 출세의 수단으로서의 입시의 기능이 현세적 물질주의라는 문화적 문법과 맞물려 어느 나라에서도 찾기 힘든 과열 입시 경쟁의 현상을 낳고 있는 것이다.

2) 입시 가족주의

가족주의는 다른 어떤 소속 집단보다도 가족의 이익을 우선시하는 의식을 말하는데, 긍정적인 가족관계로 머무는 것이 아니라 가족만을 위하는 '가족이기주의'라는 왜곡된 현상을 갖게 한다. 가족주의는 가족을 넘어선 공공을 위해서 자기와 자기 가족의 이익을 제한당하는 것을 인정하지 않는다. 가족이 하나의 공동체인 것은 분명하지만 때로 더 큰 공동체로 나아가는 것을 가로막는 장애물이 된다. 가족주의는 하나의 종교로서 가족을 위

---

12) 이미나, "대학입시의 의미와 그 내적 논리" 『교육연구논총』 제7집, 6.
13) 이두휴, "교육경쟁의 정치경제학적 분석" 『교육사회학 연구』 제9권 제1호, 1999, 160.
14) 위의 글, 164.

해서라면 어떤 희생도 각오하는 헌신이 있지만, 가족의 울타리를 넘어서지 못하는 한계가 있다. 한국의 가족주의는 유교를 통해 강화된 것이 분명하다. 가족과 가문을 중시하고 조상의 제사를 중시하는 유교는 '가족의 종교'라고 불릴 수 있다.[15] 특히 한국인의 가족 중 어머니는 가족주의를 강화시키는 역할을 한다.

어머니의 정성과 숭고한 희생은 가족의 울타리를 벗어나지 않는다는 점에서 문제가 있다. 모두 내 자식 챙기기에 몰두할 뿐 가족 울타리 밖의 다른 자식들에게는 무관심하다. 한국의 어머니들은 자식들에게 가족 울타리 밖에서 일어나는 일에 대한 책임의식을 가르치지 않는다. 그저 자기 자신을 희생하며 제 자식이 잘 되기만 바랄 뿐이다. 한국인들은 홀로 정의될 수 없고 가족관계 안에서 존재한다. 나는 나이기 이전에 누구의 아들이고 누구의 형제이고 누구의 부모로서 존재한다. 한국인들은 분리된 개인이 아니므로 입시경쟁에서 출세경쟁에 이르기까지의 갖가지 경쟁도 실상은 개인들 간의 경쟁이 아니라 가족들 간의 경쟁이다.[16]

한국에서 가족주의가 가장 강하게 반영되는 현상 중의 하나가 입시일 것이다. 한국에서의 입시는 입시를 치르는 학생 개인의 문제가 아니다. 온 가족이 입시를 치르듯이 입시는 가족의 중대사이며 소위 가문의 영광이 관련된 문제이다. 특히 한국의 어머니들은 자녀의 입시를 자신의 입시로 받아들인다. 여기에는 유교적인 체면문화가 강하게 작용하고 있다. 부모가 자식을 통해 자신의 욕구를 성취하려고 함으로 자녀들에게 더욱 입시에 대한 부담을 가중시키는 경향이 있고, 다른 사람들의 시선을 지나치게 의식함으로 자녀의 적성이나 실력과는 다른 요구를 하게 되는 것이다. 전공 '과'를 위주로 대학을 선택하기보다는 그래도 '수준이 있는 대학'에 자식을 들여보내야 한

---

15) 정수복, 『한국인의 문화적 문법』, 125.
16) 위의 책, 127.

다는 생각을 갖는 것도 이런 성향을 나타내 보이는 것이다. 이러한 경향성이 학생들로 하여금 '일반화된 타자'(generalized others)가 되게 하고 있다.

3) 입시 지상주의

수단방법 중심주의란 어떤 목적을 달성하는 데 있어서 수단과 방법을 가리지 않고 성취하기만 하면 된다고 생각하는 사고방식이다. 왜 그 목적지에 도달해야 하는가에 대해서는 큰 관심을 갖지 않은 채 어떻게 해서라도 목적만 달성하면 된다고 생각하는 경향이다. 이는 비윤리적, 비합법적 방법을 정당화하는 기제로도 작용한다. 입시에 있어서 중요한 것은 일류대학에 입학하는 것이요 이를 위해 높은 수능 점수를 획득하는 것이다. 이를 위해서 모든 교육과정은 재편성되고 재구성된다. 교육은 그 과정(process)이 중요한데 수단방법 중심주의는 그 결과에만 관심을 갖고 이를 성취하기 위해서는 온갖 방법이 동원되는 것이다. 입시를 위한 사교육비의 팽창은 이런 의식구조가 상당히 반영되어 있다고 할 수 있다. 사실 입시, 그 자체는 진정한 교육의 목적이 아니다. 입시는 하나의 과정이요 그 입시를 통해서 궁극적으로 이루어야 할 교육의 목적이 존재한다. 그러나 더 이상 입시에 대해서 왜(why)를 묻지 않고 수단 방법을 가리지 않고 입시에서 성공하려고 하여 입시 자체가 교육의 목적의 자리를 차지하게 되었다. 마치 입시가 사회계층 상승을 보장하고 출세를 보장해주는 것으로 인식하게 되었고, 따라서 입시 경쟁에서 이기는 것이 인생의 승리라도 되는 것으로 착각하고 입시에 매진하게 된다.

입시 지상주의는 개인에게만 국한된 현상이 아니다. 학교교육은 입시에 의해서 철저히 지배당한다. 입시의 교과목과 범위는 하급교육기관의 교육내용을 결정짓고, 입시의 객관식 출제는 교사들의 교육방법을 주입식, 암기식을 위주로 하는 비창의적 방법으로 전락하게 한다. 중고등학교는 물론 초등학교까지 그 영향을 미쳐 인간교육을 방해한다. 그러나 입시는 입시로서 이해되어야 한다. 인생에 있어서 무엇이 진정한 목적인지를 깨달을 수 있도록 도와야 한다. 입시가 입시로서의 본래의 위치를 찾고 인생의 목적을 이루는 한 과정으로서 자리매김할 때 진정한 입시문제는 해결될 수 있을 것이다.

4) 입시 세속주의

이중규범주의는 입시 세속주의의 기초가 된다. 이중규범주의는 "겉 다르고 속 다른 윤리의식이며 상황에 따라 다른 윤리적 기준을 적용하는 문화적 문법"이다. 즉, 이중규범주의는 겉으로는 보편적 기준을 내세우지만 뒤로는 자기 자신의 사적 기준을 적용하는 문화적 풍토인 것이다.[17] 이러한 이중규범주의는 이론과 실천, 이성과 감정, 원칙과 현실이 이중적으로 존재할 수 있도록 하고, 이에 대한 죄책감을 심각하게 느끼지 않을 수 있는 정당화의 기제가 된다. 정수복은 이러한 이중규범주의가 무교의 현세중심주의와 대의명분을 강조하는 유교의 명분론이 형성한 한국의 문화적 문법이라고 보았다.[18]

한국의 기독교는 이러한 이중규범주의의 영향으로 쉽게 신앙의 이중적 구조를 갖게 되었다. 기독교인들이 교회에서 나타내는 신앙의 모습과 사회 속에서 생활하는 모습 사이에는 심각한 괴리가 존재한다. 이러한 괴리가 갈등을 유발하지 않고 이원론적 삶의 형태로 지속할 수 있는 것은 이러한 이중규범주의의 문화적 문법을 지니고 있기 때문이다. 교회의 교인들이 대부분 학부모들인데 이들이 기독교인이지만 자녀들의 입시에 대한 가치관은 비기독교인의 세속적인 가치관과 크게 다르지 않다. 기독교학교가 표방하는 가치가 있고 이를 선언적으로 담고 있는 건학이념이 있지만 이와는 전혀 다른 입시 위주의 교육에 몰두하는 경향이 있다. 건학이념과 교육의 실제는 이중적인 구조 안에서 분리되어 있으며, 이중규범주의는 이러한 이중성을 당연시하는 논리를 제공한다.

---

17) 위의 책, 177.
18) 위의 책, 180.

3. 입시가 교육에 끼치는 부정적 영향

입시 이데올로기는 한국 교육을 심각하게 왜곡시키고 있다. 입시 경쟁
이 과열될수록 교육 전반에 걸쳐서 그 왜곡은 크게 나타난다. 입시 전의 모
든 교육이 입시를 준비하는 교육이 되고 '입시 위주'의 교육으로 전락하게 된
다. 입시가 교육에 끼치는 부정적 영향은 교육목적, 교육내용, 교육방법, 그
리고 교육평가에 이르기까지 전 영역에서 나타난다. 이 점에서는 기독교학교
의 교육도 예외가 아니다. 기독교적 건학이념에 의해 세워진 기독교학교마저
도 입시로 인해 기독교학교로서의 정체성을 지키기가 어려운 실정이다.

1) 교육목적

입시가 교육에 미친 가장 부정적인 영향중의 하나가 교육목적의 왜곡
이라고 할 수 있다. 입시는 교육의 목적을 입시 위주로 재설정하게 만듦으로
서 본래의 교육 목적을 상실한 채 입시 준비 교육으로 전락하고 있는 것이
다. 무엇보다 교육 본래의 목적인 "고등정신기능의 양성을 외면하고 단순지
식의 암기나 곧 낡아버릴 지식의 습득"을 강조하며 입시에 출제되는 내용에
만 집중한 나머지 창의력, 탐구력, 비판력 등은 제대로 가르치지 못하고 있
다.[19] 또한 입시는 인간교육을 방해하고 있는데, 학생들의 인격과 성품 형성,
잠재되어 있는 재능 개발을 교육적 관심에서 벗어나게 하고 있다. 오직 입시
위주의 교육에 몰두한 결과 민주시민의식이나 도덕성, 협동심, 질서의식 등
을 가르치는 가치교육도 사라지고 있다.[20]

결국 입시 위주의 교육은 전인교육이라는 교육의 중요한 가치를 약화시
키고 있다. 전인교육은 지, 정, 의, 체의 균형을 말하며, 그 기초 위에 개개인
의 특성을 살리는 교육을 의미하는데 입시 위주의 교육은 그 가운데 지적인

---

19) 정범모 외, 『교육의 본연을 찾아서: 입시와 입시교육의 개혁』(서울: 1993), 100.
20) 위의 책.

교육에만 집중하도록 만들며, 그마저도 전체 지식이 아닌 입시에 출제되는 내용 중심으로 제한되는 한계를 지니고 있다.[21] 정범모 교수는 교육이 추구해야할 전인 교육적 가치를 다섯 가지로 설명하고 있다. 첫째는 더 높은 지력을 가진 사람, 둘째는 더 예민한 인간적 감수성을 가진 사람, 셋째는 더 투철한 가치관을 가진 사람, 넷째는 더 넓은 국제시야와 더 긴 미래전망을 가진 사람, 그리고 다섯째로 더 굳센 의연성을 가진 사람 등이다.[22] 그런데 입시 위주의 교육은 이러한 요소들을 두루 갖춘 전인으로 교육하는 것이 아니라 편협하고 왜곡된 교육이 이루어지도록 하고 있다.

입시로 인한 교육목적의 왜곡현상은 특히 기독교학교에서 심각하다. 기독교학교는 기독교적 건학이념에 의해 설립된 학교로서 기독교적 인격도야와 기독교적 지성 개발을 통해 하나님 나라를 추구하는 목적을 지니고 있다. 개별 기독교학교마다 건학이념이나 교육목표가 상이하더라도 기독교적 인간관에 터한 하나님의 일군 양성이라는 점에서는 공통점을 지닌다. 그러나 입시는 이러한 기독교학교의 교육목적을 입시 위주의 교육목적으로 왜곡시킨다. 건학이념은 정관에 명시된 공식적인 문구이고 선언적인 의미를 지닐 뿐 실제적인 교육목적은 '일류대학에 많이 입학시키는 것'으로 변질될 수밖에 없다. 학생들 개개인의 교육목적, 교사들의 교육목적, 학교의 공동체적 교육목적이 실제적으로 '성공적인 입시결과'로 재설정되는 것이다. 모든 교육의 과정은 이 선명한 목적을 달성하는 수단일 뿐이다.

2) 교육내용

입시는 교육목적만이 아니라 교육내용을 왜곡시킨다. 교육평가로서의 입시는 교육내용이 가르쳐진 후에 이를 평가하는 기능이 있지만, 입시 위주의 교육은 교육평가가 교육내용을 결정하게 된다. 즉, 입시의 내용이 교육내

---

21) 위의 책, 101.
22) 위의 책, 103.

용의 범위와 성격을 규정하게 된다. 일반적으로 교육과정을 선정할 때에 전체 문화 속에서 1차적 선택이 이루어지고, 또한 교육과정의 모든 교육내용이 시험에 출제되는 것이 아니라 2차적 선택이 이루어진 내용에 국한되는 것이다. 결국 입시에 어떤 내용이 출제되는가에 의해 교육내용은 제한될 수밖에 없고, 입시 위주의 교육은 출제되지 않는 교육내용을 교육에서 제외시키는 경향이 있다.

입시로 인한 교육내용의 왜곡은 교육내용의 범위만이 아니라 교육내용의 성격에도 강한 영향을 준다. 필답고사의 형태로 치르는 입시, 객관식 시험으로 치르는 입시는 그런 형태에 맞는 교육내용으로 국한시키는 경향을 낳는다. 단편적인 지식을 암기하거나 사실 관계에 대한 정보들을 주로 다루게 되고 깊은 사고를 요하는 것과 창의성이 필요한 내용은 교육내용에서 제외시키는 경향이 있다. 더 나아가 교육내용은 입시에서 높은 성적을 받을 수 있는 형태로 변질되는데, 입시 문제에 효과적으로 답하는 형태로서 예컨대 '문제풀이' 방식으로 왜곡된다.

기독교학교의 교육내용은 하나님의 진리로서 성경은 물론 모든 교과목을 포함한다. 성경이 특별계시라면 교과목은 일반계시와 관련되며, 단지 지식만이 아니라 지혜의 차원까지를 포함한다. 교과내용은 인문과학, 사회과학, 자연과학은 물론 예술과 체육, 기술, 그리고 종교적 차원까지를 포함한다. 그러나 입시는 이러한 기독교학교의 교육내용을 입시 위주의 교육내용으로 왜곡시킨다. 전체 교육내용은 입시에 나오는 교육내용으로 축소되고, 입시의 비중대로 교육내용의 비중이 조절된다. 결국 입시는 기독교교육의 풍성한 교육내용을 입시 위주라는 틀로 제한시키는 경향이 있다.

3) 교육방법
입시 위주의 교육은 교육방법에 있어서도 심한 왜곡현상을 가져온다. 오늘날 한국의 고등학교에서 통용되는 교육방법은 "대학입시에서 좋은 성적이 나오도록 가르치는 것"이라고 할 수 있다. 다양하고도 창의적인 교육방법을 활용할 수 있는 여지가 없다. 자율학습도 타율학습으로 전락하고 "대학입시에 출제되는 부분만을 반복하여 가르치고, 학생들은 교사가 제시하는 내용만을 반복하여 훈련하고 연습하게 되는 것이다."[23]

기독교학교의 교육방법은 하나님의 형상으로 창조된 인간을 인격적으로 존중하면서 전인적인 변화를 가능케 하는 다양한 교수법을 적절하게 사용하는 것이다. 강의법만이 아니라 토의법, 역할극, 워크샵, 예술을 통한 심미적 교수방법, 탐방 및 실습 등 다양한 교육방법을 사용함으로써 지적, 정의적, 행동적 변화를 추구하는 것이다. 그러나 입시는 이러한 기독교학교의 교육방법을 입시 위주의 교육방법으로 왜곡시킨다. 일방적인 지식전달과 지적 차원에 국한되며, 서로를 인격적으로 존중하며 협동하기보다는 수단적 존재로 생각하며 경쟁하는 관계로 전락하게 된다. 입시에서 높은 성적을 올리는 것을 가능케 하는 교육방법이 최고의 교육방법으로서 소위 '족집게 과외' 같은 형태의 교수방법이 환영을 받게 된다. 학생들을 경쟁의 각축장으로 몰아넣고 무한경쟁으로 다투게 하는 것이 입시를 위한 교육방법의 가장 중요한 특징이다.

4) 교육평가

입시를 교육평가의 측면에서 이해할 때 입시가 과연 학생들의 능력을 제대로 평가하고 있는지에 대한 질문을 제기할 수 있다. 교육평가에서 시험이 지니는 몇 가지 중요한 성격이 있는데, 신뢰도, 객관도, 타당도, 그리고 실용도 등을 들 수 있다. 입시는 과연 신뢰도가 어느 정도일까? 신뢰도에 관련한 문제제기에는 다음과 같은 것들이 있을 수 있다. 첫째, 측정기구 자체의 결함이나 부정확성 때문에 오는 문제이다. 둘째, 측정하는 사람의 미숙

---

23) 위의 책, 105-106.

한 측정기술이나 부주의 때문에 오는 문제이다. 셋째, 측정 받는 사람의 심리적 속성의 일시적인 변동이나 측정이 이루어지는 환경적 조건의 특성으로 인한 문제이다.[24] 사실 완벽한 시험이나 평가는 있을 수 없다. 모든 시험의 점수는 진(眞)점수와 오차점수로 구성된다고 볼 수 있는데, 오차점수의 범위가 넓으면 그만큼 신뢰도는 떨어질 수밖에 없다. 김호권은 우리나라 대입학력고사 속에 내포된 오차점수의 크기가 95%의 신뢰도에서 대략 +-30점 정도가 될 것으로 추정하고 있다.[25] 즉, 수능 시험에서 280점을 받은 학생의 진점수는 250점과 310점 사이의 어느 지점에 위치한다고 볼 수 있다. 이 경우에 과연 280점과 285점의 차이를 결정적인 것으로 받아들이는 현실은 문제가 있다고 할 수 있다.

기독교학교의 교육평가는 하나님께서 학생 개개인에게 부여하신 은사와 소질을 발견하고 교육을 통한 성취를 돌아봄으로 보다 나은 교육이 가능하도록 기회를 제공하는 것이다. 또한 하나님의 부르심에 비추어 자신의 삶의 방향과 삶의 영역을 재설정하고 다음 단계로 나아가도록 돕는다. 그러나 입시는 이러한 기독교학교의 교육평가를 입시 위주의 교육평가로 왜곡시킨다. 획일 기준으로 학생들을 규정하며, 상대평가에 의해서 학생들을 서열화시키며, 학생들의 은사나 소질을 발견하는 것이 아니라 입시라는 정해진 기준과 그 틀에 맞게 주형 되기만이 요구될 뿐이다. 또한 지적인 성장 – 그나마도 주로 암기력이지만 – 만을 강조하여 다양한 다른 영역은 평가조차 되지 않고 무시되는 경향이 있다. 각자의 기준에서 그 성취가 측정되고 평가되어 그동안의 진보에 대해서 감사하기보다는 자신의 삶과는 분리된 기준에 의해서 판단된다. 이로 인해 긍정적인 자아상을 상실한 채 열등감과 바람직하지 않은 우월감에 사로잡힐 수 있다. 입시로 인해 왜곡된 교육평가는 모든 학생이 인간의 존엄성을 지님을 드러내는 것이 아니라 몇 점짜리 인생이

---

24) 위의 책, 203-204.
25) 위의 책, 205.

라는 낙인을 찍는 방식이다.

4. 입시경쟁에 대한 종교적 강화

입시와 종교는 어떤 관계에 있는가? 종교가 입시를 새롭게 바라보는 안목을 제공하고 입시를 개혁하는 동인으로 작용하고 있는가 아니면 입시의 성격은 변화되지 않은 채 종교가 이를 강화시키고 있는가? 한국에서의 입시와 종교의 관계를 파악할 때 후자에 해당되는 것처럼 보인다. 한국의 종교가 이미 한국인의 문화적 문법에 의해 크게 영향을 받았기 때문에 출세와 성공을 종교적 복과 동일시하는 관점은 입시에서의 성공을 신의 축복으로 정당화함으로 이를 강화하는 것이다. 종교가 입시경쟁을 개혁하기보다는 이를 강화시키는 다양한 양상이 존재한다. 설교와 예전, 기도, 교제, 봉사, 가르침을 통해 입시경쟁이 강화되는 경향이 있다.[26] 이 가운데서 기도는 입시경쟁을 강화시키는 가장 강력한 도구라고 할 수 있다. 이진은 '부모들의 입시기도 전쟁'에서 입시경쟁을 강화시키는 백일기도에 대해서 다음과 같이 기술하고 있다.

"입시 기도처럼 간절하게 하는 기도는 없는 것 같다."고 말하는 봉은사의 허주 승려는 새벽 네 시부터 시작해 하루에 세 번씩 하는 백일기도는 먼저 관음 정근(관세음보살을 염하는 것)을 하고 천수경(불교경전)을 독성한 뒤에 다시 관음 정근을 하고 마지막으로 발원문을 읽는 순서로 진행하는데 새벽에 하는 기도가 가장 잡념 없이 정성스레 할 수 있는 기도라고 생각하기 때문이란다. 또 딱히 절에서 하는 공식적인 행사인 백일 기도회에 동참을 하는 까닭을 두고는 "아무래도 같이 모여서 하면 서로 의지도 되고 백일을 꼬박하겠다는 의무감 같은 것이 더 생기기 때문"이라는 것이 논현동에

---

26) 일반적으로 교회의 기능을 케리그마(Kerygma), 레이투르기아(Leiturgia), 코이노니아(Koinonia), 디

사는 김현주 씨의 말이다. [27]

천주교나 기독교에서는 불교처럼 백일기도를 드리는 것이 일반적이지 않지만 '작정기도'라 하여 입시를 앞두고 일정한 기간 동안 기도회를 개최하는 경우가 많다. 기독교는 입시생을 위한 기도에 있어서 매우 적극적인데 새벽기도회, 철야기도회, 금식기도회 등 다양한 기도모임을 통해 입시성공을 위해 기도한다. 최근에는 '수능기도회'라는 이름으로, 또는 수능 전 40일부터 '입시생을 위한 40일 특별새벽기도회'의 형태로 입시를 기도회가 이루어지기도 한다. 이러한 기도회는 입시로 인해 고통당하는 학생들의 아픔을 함께 느끼며 입시문제를 해결하는 데에 초점이 있는 것이 아니라 자기 자녀의 입시경쟁에서의 성공과 합격만을 위하는 경우가 많다. 입시경쟁의 종교적 강화는 교회 내의 가치관과 일맥상통한다. 교회에서 광고나 구역모임 등 다양한 경로를 통해 입시에서의 성공은 '하나님의 축복'이라는 등식을 암암리에 드러내고 있다.[28] 결국 한국의 종교는 입시를 변화시키는 영향력보다는 입시경쟁을 강화시키는 영향력을 발휘하고 있다고 볼 수 있다.

V. 입시에 대한 기독교교육적 이해

입시를 기독교교육적으로 이해한다는 것은 입시를 하나님과 인간, 자연, 이웃, 세상과의 관계에서 바라보는 것을 의미한다. 입시를 관계 회복의 관점에서 조망할 때 입시를 기독교교육적으로 이해하고 기독교적 입시관을 정립할 수 있는 다섯 가지 중요한 주제를 발견하게 된다. 입시와 하나님과의

아코니아(Diakonia), 디다케(Didache) 등 다섯 가지로 분류하는데, 이 모든 기능을 통해 입시 경쟁이 강화된다고 볼 수 있다.
27) 이진 "부모들의 입시 기도 전쟁" 『샘이 깊은물』, 1991. 11월호, 128
28) 정병오, "입시문제가 청소년 선교에 미치는 영향", 『기독교사상』, 1997. 11월호. 23.

관계에서는 소명, 입시와 개인의 관계에서는 은사, 입시와 자연의 관계에서는 탁월성, 입시와 이웃의 관계에서는 공동체, 그리고 입시와 세상의 관계에서는 하나님 나라라는 주제이다. 기독교교육적으로 입시를 이해한다는 것은 입시가 하나님이 의도하신 본래의 관계로 회복되는 것을 의미하는데, 이는 소명, 은사, 탁월성, 공동체, 하나님 나라의 관점으로 입시를 이해하는 것을 의미한다.[29]

1. 입시와 소명

기독교교육적으로 입시를 이해한다는 것의 첫 번째 의미는 '소명'의 관점으로 입시를 이해하는 것이다. 대학입시가 갖는 가장 중요한 특징 가운데 하나는 전공을 선택한다는 것이다. 계열별 모집에 응시한다고 하더라도 넓은 전공 영역을 선택하는 것이다. 이러한 전공의 선택은 직업과 연계될 수밖에 없고 또한 그런 연계성을 갖는 것이 바람직할 것이다. 이런 점에서 기독교적 직업 이해는 기독교적 입시이해와 분리될 수 없다. 향후 내가 어떤 영역과 분야에서 일할 것인가를 생각하며 '나의 길'(my way)을 선택하는 과정이 입시이다. 직업이라는 영어 단어인 vocation은 '소명' 또는 '부르심'에 해당하는 라틴어 단어 vocatio에서 왔다. 직업은 부르심과 관련되며, 입시는 그 부르심에 대한 첫 번째 응답이라고 할 수 있다. 학생들이 태어나서 초등학교, 중등학교를 다니면서 전체 지식에 대한 기본적인 이해를 하고, 사회의 전체 영역에 대한 학습을 했다면, 입시는 그 가운데서 자신이 향후 몸담고 일하게 될 영역을 선택하는 과정의 한 부분이다.

물론 성경에서 말하는 소명은 직업적인 소명으로 국한되는 것이 아니고

---

29) 입시에 관련된 기독교적 주제가 이 다섯 가지로 제한되는 것을 의미하는 것은 아니다. 성공, 축복, 자유, 평등 등 다양한 개념이 연관되어 있다. 그러나 이런 여타의 주제들이 소명, 은사, 탁월성, 공동체, 하나님 나라라는 주제들과 역시 연계되어 있기 때문에 이 글에서는 이 다섯 가지 주제에 초점을 맞추려고 한다.

하나님께서 베푸시는 구원으로의 초청을 포함한다. 구약에서 소명을 뜻하는 단어인 카라(qara)는 '부르다', '외치다', '초대하다', '소환하다', '이름을 부르다' 등의 뜻을 지니고 있다. 하나님께서는 이스라엘을 언약의 백성으로 부르시고, 또한 모세와 이사야, 예레미야를 비롯한 선지자들을 구체적으로 부르셔서 소명을 허락하신다. 그 각 개인에게 이 소명은 평생의 과업이며 직업적 부르심으로 이해할 수 있다. 신약에서도 카라의 70인역에 해당하는 헬라어로 칼레오(kaleo)라는 단어를 사용하고 있는데, 역시 '부르다', '초대하다', '소환하다', '이름을 부르다' 등의 뜻을 지니고 있다. 특히 신약에서는 하나님이나 예수 그리스도가 사람을 부르시는 행동을 가리키는 특별한 의미로 사용되었다. 예수님의 제자들을 부르신 것이나 바울이 하나님의 부르심을 받아 이방의 사도가 된 것 등은 신약에 등장하는 이러한 소명의 구체적이 예들이라고 할 수 있다(마4:21-22, 막1:19-20, 눅5:1-11, 롬1:1, 고전1:1).

기독교적으로 입시를 바라본다는 것은 입시를 소명의 관점으로 이해하고 학생들로 하여금 입시를 소명의 관점에서 준비할 수 있도록 돕는 것을 의미한다. 지금까지는 기독교인 학생일지라도 입시를 획일적인 관점으로 바라보고 소명의 관점보다는 출세 지향적 입장에서 상대주의적 경쟁을 추구하는 경향이 있었지만, 하나님의 부르심과 소명의 입장에서 자신의 삶을 생각할 수 있는 기회를 제공할 수 있다면 기존의 소위 입시경쟁 현상은 변화될 수 있는 단초가 될 수 있을 것이다. 특정 대학이나 특정 학과(예컨대 법학과나 의학과)에 입학하는 것보다 더 중요한 것은 하나님의 부르심과 소명에 응답하는 것이며, 무엇이 하나님이 자신을 부르시는 영역과 전공인가에 대한 관심을 갖도록 돕고 그 관점으로 입시를 바라보게 하는 것이다.

이런 점에서 소명의 관점에서 입시를 접근하는 것은 진로교육과 깊은 관계가 있다. 오늘날 입시와 관련하여 한국교육에서 가장 부족한 면 중의 하나가 진로교육이다. 입시는 직업교육과 진로교육의 연장선상에서 그 의미를 획득한다. 교회사에 있어서 직업교육에 있어서 모범을 보인 사례는 청교도 교육일 것이다. 청교도 교육에서 소명으로서 직업교육을 강조한 것은 오늘날 입시 지도에 대한 많은 통찰을 준다. 청교도의 자녀들은 10세에서 14세까지의 연령 중에서 자신의 직업 훈련을 택하였고, 대부분 그 직업의 숙련가에게 7년간 도제 방식으로 직업훈련을 받았다.[30] 청교도에 있어서는 한 소년이 직업을 선택하면 그 후에 그 직업을 변경할 기회는 거의 없었기 때문에 직업에 대한 결정을 신중히 해야 하며, 청교도들이 소명(calling)이라는 단어에 깊은 종교적 의미를 부여하는 이유 중의 하나도 여기에 있다고 할 수 있다.[31]

박영호는 그의 책 '청교도 실천신학'에서 청교도의 소명 이해의 세 가지 유형을 설명하고 있다. 첫째는 행동의 소명으로써 하나님께서 인간에게 요구하는 바른 행동을 의미한다. 바른 행동에 대한 확신을 하나님께서 주시기 때문에, 어떤 일을 하는 데 있어서 의심을 지닌다면 이는 그 일을 소명으로 느끼지 못하는 것이다. 둘째는 효과적 소명으로서 이때의 소명의 의미는 하나님께서 인간을 구원으로 부르시는 것을 의미한다. 셋째는 개별적 소명으로써 이것이 무엇보다 직업과 연관된다. 16세기 이전까지는 소명(calling)이라는 단어가 수도사와 수녀들을 부르시는 것으로 한정하였지만, 마르틴 루터는 모든 생활 방법이 하나님을 섬길 수 있는 방법이고, 모든 직업이 하나님의 부르심이라고 이해했는데, 구두를 짓는 것이나 국가를 다스리는 것 등을 모두 소명의 관점에서 이해했다.[32] "구두 수선공이나 달구지 목수이거나 통을 만드는 사람이거나 모두 비굴하게 은둔하고 있는 신부보다는 더 낮게 하나님을 섬길 수 있다는 것이었다."[33] 결국 청교도의 직업선택은 소명과 연결되며, 직업선택은 단지 선택이 아니라 자신을 어떤 직업으로 소명하셨는

---

30) 박영호, 『청교도 실천신학』(서울: 기독교문서선교회, 2002), 476.
31) 위의 책, 477.
32) 위의 책, 478.
33) Ernst Troeltsch, *The Social Teaching of the Christian Churches* (New York, 1931), 105.

가를 분별하는 것이다.[34]

소명으로서 입시를 이해하게 될 때 입시는 삶을 바라보는 중요한 '창'이 된다. 하나님이 나를 어떤 영역으로 부르시는가를 생각하며 자신의 비전과 연관 지어 입시를 생각할 수 있는 기회를 준다. 또한 남과의 경쟁이 아니라 하나님이 자기에게만 주시는 '나의 길'의 가치를 생각하며 비교의식으로 속박당하는 것이 아니라 자유함을 누릴 수 있다. 소명으로서 입시를 이해할 때, 입시는 기독교교육의 매우 중요한 과정이 될 수 있는 것이다. 그리고 여기에서 기독교적 가치관과 입시는 서로 갈등되는 요소가 아니라 상호 분리될 수 없는 통합이 이루어지게 된다.

2. 입시와 은사

입시에 대한 기독교적 이해는 입시를 은사의 관점에서 생각하는 것을 포함한다. 대학에서 전공을 공부하기 위해 입학한다는 것은 하나님이 그 학생에게 주신 은사를 개발하는 것과 분리하여 생각할 수 없다. 은사(gifts)에 해당되는 헬라어는 카리스마타(charismata)로서 크게 두 가지 용법으로 사용된다. 하나는 일반적인 것으로서 하나님의 은혜와 섭리를 통하여 각각 개인이 받는 은혜, 역량, 진리, 재능 등이고, 다른 하나는 특별한 것으로 교회를 위한 특별한 능력을 부여받는 것을 의미한다.[35] 여기에서는 하나님께서 주신 모든 재능을 은사로 이해하는 전자의 용법에 초점을 맞추어 논의하려고 한다.

은사는 인간의 독특성과 관련된다. 하나님은 인간을 독특하게 창조하시고 각자에게 독특한 은사를 허락하신다. 다른 사람과의 비교를 통해서 비로소 그 가치가 확인되는 것이 아니라 각 사람이 지니는 독특성이 존재한다.

---

34) 박영호, 『청교도 실천신학』, 479.
35) 『성서백과대사전(5)』 (서울: 성서교재간행사, 1980), 874.

오성춘은 "하나님은 우리가 태어나면서부터 가지고 나온 유전적 요소들, 정신 능력, 신체적 능력, 영적인 능력들—이것들도 하나님께서 우리에게 주신 은혜의 선물들이다—과 우리가 태어난 이후에 경험하는 성공과 실패, 입원, 질병, 자녀, 가족, 친구, 교회생활, 학교생활, 사회생활 등 갖가지 요인들을 조합시키면서 독특한 나를 만들어 가신다."고 말한다.[36] 즉, 우리의 존재의 깊이에는 하나님께서 주신 은사가 있고, 이것이 우리 각자를 독특한 존재로 만들어 간다. 오성춘은 이를 씨줄과 날줄로 짜인 비단으로 설명한다.

우리는 이것을 비단 짜기에 견주어 설명할 수 있을 것이다. 우리는 하나님께서 만들어 주신 씨줄을 가지고 태어난다. 우리의 신체, 외모, 재능, 가능성, 가족, 이웃, 고향, 국가, 민족 등은 하나님께서 나에게 선물로 주신 씨줄이다. 우리는 태어난 후에 끊임없는 날줄을 경험하며 산다. 가정, 부모의 양육, 형제자매들과의 관계, 교육, 이웃과의 관계, 질병, 충격적 사건 등 하나하나의 사건과 경험들은 우리 인생의 날줄이다. 하나님은 씨줄과 날줄을 함께 엮으면서 아름다운 비단을 만들고 계신다. 우리 한 사람 한 사람은 하나님이 만들어주신 비단이다. 이 비단의 씨줄과 날줄이 독특하기 때문에 하나님이 만드신 비단은 어느 것도 똑같은 것이 없다. 비슷할 수 있으나 꼭 같을 수는 없다. 그러므로 우리 한 사람 한 사람은 자기만의 독특한 정체성을 가질 수밖에 없으며, 이 정체성은 은혜 안에서 하나님께서 만들어주신 은혜의 선물, 곧 하나님의 은사가 된다.[37]

교육은 교육의 어원인 educare가 의미하는 그대로 내면의 가능성을 드러내게 하는 것이다. 하나님이 내면에 주신 은사를 개발하며, 그 독특성을 구현해 나가는 것이 진정한 교육의 본질이며 자아실현의 과정이다. 입시는 이러한 자신만이 갖고 있는 독특한 은사가 발현되는 하나의 통로로써 남과의 비교가 아닌 자신만이 가야하는 길을 가는 것이다. 각각의 삶을 향한

36) 오성춘, 『은사와 목회』 (서울: 장로회신학대학교 출판부, 1997), 145-146.
37) 위의 책, 146-147.

하나님의 뜻도 이러한 은사개발과 무관하지 않다. "하나님이 창조하신 은사들의 독특한 배열 속에 하나님의 분명한 뜻이 들어있다."[38] 각자의 은사와 재능 속에 하나님의 뜻이 기록되어 있는 셈이다. 오성춘은 이렇게 말한다. "우리가 우리의 은사들을 발견할 때에 하나님의 뜻을 발견하게 된다. 하나님께서 그 은사를 우리에게 주신 것은 바로 그 은사를 사용하여 하나님의 뜻을 성취하라는 의미가 담겨있는 것이다. 우리가 자신을 보면서 우리에게 주신 하나님의 은사들을 발견한다면 그 은사로 하나님이 나를 향하신 뜻과 계획을 유추하여 발견할 수 있다. 그리고 그 은사를 우리가 사용하여 일할 때에 우리는 하나님이 우리에게 주시는 근본적인 뜻에 순종하여 헌신하는 것이 된다."[39]

이런 점에서 은사는 소명과 만난다. 자신의 은사를 개발하고 그 은사로 하나님의 뜻을 이루는 것이 바로 하나님의 부르심이기 때문이다. 학생들은 교육의 과정을 통해서 자신의 재능이 무엇인지를 발견할 뿐 아니라 이를 극대화시키도록 개발하여야 한다. 그 은사의 발현이라는 관점에서 사역의 영역과 전공을 선택할 수 있도록 해야 한다. 입시는 자신의 은사가 개발되고 이웃을 위해 섬김의 도구로 사용될 수 있도록 하는 통로가 되어야 한다.

3. 입시와 탁월성

입시에 대한 기독교적 이해는 입시를 경쟁의 관점에서 바라보기보다는 탁월성의 관점에서 바라보는 것을 의미한다. 입시를 기독교적으로 접근한다는 것이 입시를 부정적으로 인식한 나머지 탁월성의 가치까지 부인하는 것을 의미하는 것이 되어서는 안 된다. 학생은 공부에 최선을 다해야 하고 자신의 가능성을 충분히 발휘할 수 있도록 노력하여야 한다. 자기의 잠재적 가

---

38) 위의 책, 152.
39) 위의 책, 153.

능성을 극대화시키고 자신의 속에 있는 은사가 "불일 듯 일어나게"(딤후1:6) 하는 것은 교육적으로 가치로운 일이며 하나님이 기뻐하시는 일이다. 하나님께서 창조하신 자연에 내재된 이치를 깨닫는 것은 탁월성을 추구할 때만이 가능하다. 모든 지식은 하나님의 지식이고, 하나님은 그 지식을 깨달을 수 있는 지혜를 인간에게 주셨다. 인간은 그 지혜를 탁월하게 개발하여 하나님의 탁월하심을 만방에 드러내야 한다. 이러한 탁월성(excellence)은 경쟁(competition)과는 구별된다. 경쟁은 상대적 개념이라면 탁월성은 절대적 개념이다. 경쟁은 끊임없이 남들과 비교함으로서 자신을 판단하지만, 탁월성은 남들이 인정하는 것과는 관계없이 하나님 앞에서(coram Deo) 자신의 최선을 다하는 것이다. 사도 바울의 고백처럼 오직 우리를 판단하실 분은 주님 뿐임을 인정하며 주님의 칭찬을 받기 위해 노력하는 것이다.

기독교에서 탁월성을 가능케 하는 것은 '여호와 경외'이다. 여호와를 두려워하고 경배하는 것은 다른 어떤 피조물을 두려워하지 않고 그것들을 경배하지 않는 것을 의미한다. 여호와를 경외하는 사람은 사람들과의 비교가 아니라 하나님의 기준에 입각해서 살아간다. 그리고 그 하나님의 기준을 자신의 푯대로 삼기 때문에 탁월한 삶을 살 수 있다. 하나님을 인정하고 그를 두려워하는 사람은 다른 사람들이 보지 않는 곳에서도 하나님의 임재 속에서 살아가며 최선을 다하게 된다. 이러한 기준이 없는 사람들은 오직 남과의 비교에 의해서, 그리고 그 비교와 경쟁에서 더 앞서기 위해 노력한다. 이 경우 남보다 앞설 때에는 교만에 사로잡히며, 남보다 뒤쳐질 때에는 열등의식에 빠지게 된다. 그러나 탁월성은 상대적 비교가 아닌 하나님 앞에서 절대적 기준을 갖고 자신을 개발하며, 하나님의 비전을 품고 나아가기에 비교를 넘어선 충성을 가능케 한다.

입시 위주의 교육은 오히려 탁월성을 억압하고 방해한다. 비교의식이나 경쟁의식만으로는 탁월성에 이를 수 없다. 학습을 가능케 하는 가장 중요한 요인은 동기유발(motivation)인데, 하나님 앞에서 갖게 되는 비전과 꿈이야말로 학습을 위한 가장 강력한 동기유발의 요소이기도 하다. 사도바울의 고백처럼 "너희에게나 다른 사람에게나 판단 받는 것이 내게는 매우 작은 일이라 나도 나를 판단치 아니하노니... 다만 나를 판단하실 이는 주시니라"(고전 4:3-4)고 하나님의 판단 앞에 서게 될 때 탁월한 삶이 가능하다. 기독교교육적 입시 이해는 경쟁을 통해 수월성을 추구하는 것이 아니라 남과의 비교가 아닌 하나님과의 관계 속에서 탁월성을 추구하는 것이다.

4. 입시와 공동체

입시는 상당 부분 개인주의에 기초해 있다. 개인을 대상으로 하는 필답고사는 개개인의 성취를 측정하는 데에 관심이 있다. 입학시험을 치르게 될 때 각각은 답안지에 자신의 이름을 적는다. 그리고 가능한 한 서로와 분리된 채, 때로는 담을 쌓고 시험을 치른다. 입학시험은 서로 이야기하거나 문제의식을 공유하는 것을 허용하지 않고 서로를 바라보는 것조차 허락하지 않는다. 격리된 개인의 성 안에서 개인의 학업성취에 대한 측정이 이루어지는 것이다. 이런 입시의 경쟁주의적 성격은 개인주의적 성격과 불가분의 관계를 맺는다. 학생들 서로간의 경쟁을 유발하는 시험은 공동체를 와해하며 집단을 개체화시킨다. 특히 입학시험은 내가 합격하기 위해서는 다른 사람을 낙오시켜야 하는 이기주의적 성격을 지닌다. 입시는 '우리'를 생각하게 하기보다는 '나'와 '나의 성공'만을 생각하게 하는 경향이 있다. 입시는 그 자체가 이를 표방하고 있지는 않지만 개인주의적으로 교육하는 가장 강력한 제도이다.

입시를 통해 개인의 욕구를 실현하려는 개인주의적 교육을 극복하는 방안은 공동체적인 교육을 추구하는 것이다. 원래 성경에서 강조하는 교육의 형태는 공동체적이다. 구약에 나타나는 히브리 쉐마교육은 공동체 교육이며, 벤하세퍼나 벤하미드라쉬 같은 이스라엘의 교육도 공동체성을 강하게 지니고 있다. 신약에 나타나는 예수님의 제자교육도 제자공동체 안에서 이루어진 교육을 의미하며, 사도행전에 나타나는 초대교회는 행2:44-46에서 "믿는 사람이 다 함께 있어 모든 물건을 서로 통용하고 또 재산과 소유를 팔아 각 사람의 필요를 따라 나눠 주고 날마다 마음을 같이 하여 성전에 모이기를 힘쓰고"라고 말씀하듯이 강한 공동체를 이루고 있었고, 그 안에서 교육이 이루어졌다. 그런데 학교가 생기고 학교는 주로 앎을 다루어 가정과 노동, 삶의 현장과 분리됨으로 말미암아 공동체성이 상실되고 개인주의적 경쟁에 의해 지배당하기 시작하였다. 오늘날 학교의 발전은 경쟁의 심화를 의미하고 이는 오히려 공동체성을 약화시키고 개인주의적 성향이 강화되는 것을 의미하게 되었다.

최근에는 교육, 특히 기독교적인 교육은 이러한 개인주의적 한계를 극복하고 공동체적이어야 한다고 주장하는 학자들이 많이 등장하는데, 무엇보다 신앙공동체이론을 주장하는 사람들을 들 수 있다. 이 가운데 가장 대표적인 학자는 존 웨스트호프(John H. Westerhoff III)일 것이다. 그는 "다음 세대의 신앙계승이 가능한가?"(Will Our Children Have Faith?)라는 책에서 오늘날의 기독교교육이 그 기초부터 흔들리고 있다고 보았는데, 그 원인을 '학교 수업형 패러다임'(Schooling Instructioanl Paradigm)[40]으로 보았다. 그는 진정한 교육(Education)은 학교식(Schooling)과는 구별되어야 한다고 주장하면서, 교육의 가장 중요한 특징을 공동체성으로 보았다. 그래서 그는 '학교 수업형 패러다임'의 대안으로서 '신앙공동체-문화화 패러다임'(Community of Faith & Enculturation Paradigm)[41]을 제안하고 있다. 그는 신앙이란 학교 수업을 통해 이룰 수 있는 것이 아니라 신앙공동체

---

40) John Westerhoff III, *Will Our Children Have Faith?* 정웅섭 역, 『교회의 신앙교육』 (서울: 대한기독교교육협회, 1983), 32.
41) 위의 책, 87.

안에서 형성되어지는 것이라고 보았다.[42] 형식적 교육과정을 강조하며 교육을 학교식 수업과 동일시하는 학교교육을 통한 교육보다는 공동체를 이루며 그 안에서 공동체적 삶을 통해 진정한 교육이 이루어질 수 있다고 본 것이다. 이러한 협동을 강조하는 공동체적 교육이 종래의 경쟁주의적 입시교육을 극복하는 입시에 대한 기독교교육적 접근의 한 방안이 될 수 있을 것이다.

5. 입시와 하나님의 나라

입시를 기독교적 관점으로 조망할 때 하나님의 나라와 관련된다. 입시는 하나님의 백성들이 하나님의 나라를 향해 나아가는 관문이다. 기독교교육은 교회 안에서 이루어지는 교육만을 의미하는 것이 아니고 하나님 나라를 향한 교육이며, 정치, 경제, 사회, 문화, 예술 등 각 영역 속에서 하나님의 통치를 이루어갈 일군들을 파송하는 과정을 포함한다.

성경은 그리스도인이 궁극적으로 추구해야할 가치를 '하나님의 나라'로 이해한다. 교회도 이 하나님 나라를 지향하고 있는 것이다. 공관복음서에서 '하나님의 나라'(basileia tou Theou)라는 개념은 100회 정도 사용되고 있는데, 교회(ecclesia)라는 개념은 단 2회 정도 언급되고 있는 정도이다. 예수님은 장차 도래하는 '하나님의 나라'를 가르치신 것이지, 단지 교회를 세우신 것이 아니다. 스탠리 그렌츠(Stanley Grenz)가 그의 책 〈하나님의 공동체를 위한 신학〉 (The Theology for the Community of God)에서 분명히 밝히고 있듯이 "올바른 교회론은 교회를 하나님 나라라는 맥락 속에서 이해"하는 것인데, 왜냐하면 "성경에서 하나님 나라라는 개념은 교회라

---

42) 웨스트호프와 유사한 강조를 한 신앙공동체 이론가로 엘리스 넬슨을 들 수 있다. 엘리스 넬슨(Ellis Nelson)은 그의 책 『어떻게 신앙이 성숙하는가』 (How Faith Matures)에서 신앙이 성숙하는 곳을 회중(congregation)으로 보았다. 이 회중의 가장 중요한 특징은 공동체라는 점이며, 단지 학교이거나 정치적인 집단, 도덕적인 모임이 아닌 신앙을 서로 나눌 수 있는 신앙공동체라는 데에 있다. (C. Ellis Nelson, How Faith Matures (Louisville Kentucky: Westminster/John Knox Press, 1989), 155.)

는 개념보다 넓기 때문"이며, 동시에 "교회가 하나님 나라에 의존하기 때문"이다.[43] 기독교교육도 소위 종말론적 긴장 가운데 존재하는데, '이미 이루어졌음'(already fulfilled), '아직 완성되지 않음'(not completed yet) 사이에 존재한다. 기독교교육은 이러한 종말론적 긴장 가운데서 이미 선취된 하나님의 나라와 도래할 하나님의 나라를 선포하고 실현해 가야하는 책임을 지닌다. 이미 정치, 경제, 사회, 문화, 예술, 교육 모든 분야에 있어서 하나님이 주인이심을 선포하고, 실제적으로 왜곡된 제 분야가 하나님의 통치와 다스리심 가운데에서 회복을 경험할 수 있도록 도와야 한다.

이런 점에서 입시는 하나님 나라의 관문이다. 기독교교육은 학생들로 하여금 입시라는 창을 통해 하나님 나라를 바라볼 수 있도록 도와야 한다. 그리고 하나님 나라의 비전을 품고 각 분야 속으로 들어가야 한다. 요 17장에서 예수님이 제자들을 위한 대제사장적 기도 가운데 제자들이 '세상 속에 있지만(in the world), 세상에 속한 것이 아니요(not of the world), 또한 세상 밖으로 데려감을 위한 것도 아니요(not out of the world), 세상 속으로 보냄 받은 존재(into the world)'임을 말씀한 것은 하나님 나라를 향한 파송을 의미한다. 입시에 대한 기독교교육적 이해는 학생들을 하나님 나라로 파송하는 '파송식'의 의미를 지니고 있다.

VI. 결론: 기독교적 입시를 위한 과제

과열 입시경쟁의 뿌리에는 한국의 문화적 문법, 즉 왜곡된 한국인의 의식구조가 존재한다. 입시 출세주의, 입시 가족주의, 입시 지상주의, 그리고 입시 세속주의는 입시를 떠받치고 있는 입시 이데올로기라고 할 수 있다. 입

---

43) Stanley Grenz, *The Theology for the Community of God*, 신옥수 역, 『조직신학: 하나님의 공동체를 위한 신학』 (서울: 크리스챤 다이제스트사, 2003), 685.

시에 대한 이러한 의식이 바뀌지 않는 한 입시문제는 해결되기가 어렵다. 입시제도 자체의 수정이나 보완도 중요하지만 모든 제도의 변화는 구성원들의 의식의 변화 없이는 그 성공을 기대하기 어렵다.

입시 문제의 해결은 기독교인의 의식개혁으로부터 시작되어야 한다. 성경은 기독교인이 지녀야 할 분명한 기독교적 가치관을 제시하고 있다. 신앙적인 삶은 예수 그리스도를 통한 변화된 삶을 추구하는 것이다. 그러나 이러한 신앙과 괴리된 세속적인 입시관을 지닌 채 왜곡된 입시 위주의 교육에 매달리는 구습을 깨고 입시를 소명과 은사, 탁월성과 공동체, 그리고 하나님 나라의 관점에서 볼 수 있는 변화가 필요하다. 기독교인의 입시에 대한 의식개혁은 오늘날 왜곡된 입시교육을 새롭게 변화시키는 촉매제 역할을 할 것이다.

이러한 기독교인의 입시에 대한 의식의 변화를 일으키기 위해서 꼭 필요한 것 중의 하나가 기독학부모 운동이다. 기독학부모들이 개인적인 차원에서의 의식개혁만이 아니라 이를 공동체적으로 확산하여 입시문화를 바꾸고 이미 확산되고 있는 기독교사운동, 그리고 기독교학교운동과 함께 공동체적으로 연계될 수 있다면 입시 경쟁으로 인해 왜곡된 이 땅의 교육을 하나님의 교육으로 회복시키는 중요한 역할을 담당할 수 있을 것이다.

사실 입시는 기독교교육의 가장 좋은 기회가 될 수 있고, 또한 되어야 한다. 입시야말로 진정한 기독교적 가치관이 무엇이며, 기독교인의 삶이 무엇인지, 어떻게 내 인생에서 그런 삶을 구현할 지를 깨닫는 기회가 될 수 있다. 이때에 입시는 본래의 위치를 찾게 되며 기독교교육에 꼭 필요한 통로가 된다. 기독교학교는 물론 기독교가정과 교회에서 이렇듯 입시에 대한 기독교교육적 관점을 새롭게 정립함으로 입시를 기독교교육의 기회로 삼을 수 있기를 기대한다.

입시 경쟁에 대한
성서적·신학적 입장

김회권 교수

서울대학교 영어영문학과(B.A)
장로회신학대학교 신학대학원(M.Div)
미국 프린스턴신학대학원(Ph.D.)
일산두레교회 목사
현 숭실대학교 기독교학과 교수

기독교학교교육연구소

입시 경쟁에 대한 성서적·신학적 입장

무한경쟁주의 시대에 우리 아이들의 교육 어떻게 할 것인가?

김회권 교수 | 숭실대 기독교학과

I. 서론

한국에서 대학 입시문제는 대학(大學)교(敎)가 마치 구원을 가져다주는 종교[1]라는 인상을 촉발시킬 만큼 치열하고 각박한 쟁점이다. 한국의 초등교육부터 고등학교 교육까지 12년간은 대학입학이라는 준 궁극적인 구원을 이루는 데 투신되어 있다. 기독교 가정교육, 교회교육, 기독교학교교육 등 기독교인들이 운영하는 교육 역시 예외가 아니다. 중간고사 기간이나 학기말고사 입시철이 되면 주일학교 고등부는 거의 이뤄지지 않는다. 모두 다 입시경쟁의 전장으로 내몰리고 있다. 목사, 장로, 권사의 자녀들도 예외가 아니다. 그래서 기독교적 교육을 논의함에 있어 대학입시의 문제에 대한 기독교적 관점을 정립하지 않고서는 온전한 기독교육의 가능성에 대한 논의가 시작될 수 없다. 기독교학교의 경우에는, 학교의 건학이념을 기독교적으로 세워놓는다고 하더라도 입시문제에 대한 기독교적 관점이 명확하지 않기 때문에, 그 건학이념을 제대로 구현하기가 쉽지 않다. 그 점에도 불구하고 대학

---

1) 박철수, 『축복의 혁명』 (서울: 뉴스엔조이, 2006), 137. "우리나라에서 가장 뿌리 깊고 많은 신도를 가진 종교가 어떤 종교인지 아십니까? 바로 '대학-교'(大學-敎)입니다."

입시에 대한 성서적이고 신학적인 연구가 거의 이뤄지지 않았던 것은 안타까운 일이 아닐 수 없다.

　이 글은 이런 문제의식을 가지고 쓰인 논문이다. 이 글의 목적은 "입시 경쟁에 대한 성경적·신학적 이해"를 추구하는 데 있다. 좀 더 정확하게 말하면 수월성(秀越性)을 기준으로 경쟁의 승자와 패자를 나누는 현재의 제도나 사상에 대한 성서적 신학적 입장을 살펴보는 데 있다. 따라서 우리는 여기서 경쟁과 경쟁을 통한 수월성 추구와 그것과 관련된 보상제도에 대한 성경적-신학적 입장을 살펴볼 것이다. 경쟁을 통한 수월성 추구와 그것에 대한 보상체제에 대한 성서적 견해들을 점검하는 외에[2], 수월성 추구와 기독교적 품성 교육의 상호관계 등에 대한 논의가 이 글에 포함될 수 있을 것이다.
　현대적 입시경쟁에 대한 성경의 직접적인 언급 및 입시경쟁과 관련된 부차적 쟁점들에 대한 성경의 직접적 언급은 별로 많지 않다. 우리는 다만 경쟁과 각축을 다루거나 그것을 정당화하거나 어쩔 수 없는 인간질서의 일부라고 보는 듯한 성경 구절들을 검토해 보고자 한다. 우리가 살펴보겠지만, 보다 더 자세히 연구해 보면 성경은 수월성을 입증하고 확인하기 위한 경쟁체제를 정당화하거나 효과적인 교육을 이루기 위해 경쟁하는 것 자체를 정당화하지 않는다. 관련 성경구절들을 이야기 장르와 권면 부분으로 나눠 이 문제들을 검토하려고 한다. 창세기의 족장들(특히 야곱)의 생애와 복음서의 데나리온 비유, 그리고 서신서들의 일부 구절을 살펴볼 것이다. 확실히 성경 안에는 경쟁을 부추기거나 정당화하는 듯한 말들이 더러 눈에 띈다. 달란트 비유(므나), 부지런함을 강조하는 잠언서 구절들, 게으름을 정죄하는 잠언서 구절들, 주도면밀하게 계획하고 생활하는 삶을 칭찬하는 성경구절들, 깨어

---

2) 입시 경쟁에 가장 근접한 경쟁 분위기를 풍기는 본문이 다니엘서 1-2장이다. 여기서 시험은 수월성 시험이자(바벨론 학문과 이상/몽조를 깨닫는 능력 시험), 품성 검증 시험을 의미한다. 현대적 의미의 계량화된 점수 중심의 시험이 아니라 심층면접 시험이었을 것이다.

있는 삶과 부지런한 삶을 칭찬하는 구절들 외에도, 좀 더 직접적으로 경쟁과 경쟁의 승리를 정당화하는 구절들도 있다. 그리고 마지막으로 종교개혁의 중심 명제인 칭의론에 입각한 경쟁주의 이데올로기(공로사상)에 대한 비판적 성찰을 시도하고자 한다.

본 중심주제에 들어가기에 앞서 이 글에서는 먼저 우리 시대의 무한경쟁주의 교육 풍토에 대한 비판적 분석을 시도할 것이다. 그리고 암묵적이든 명시적이든, 입시 경쟁에 대한 성서적 입장을 살펴보기 위하여 경쟁의 가치와 효용성, 그것의 한계와 승화를 다루는 성경 단락들과 구절들을 주석할 것이다. 결론적으로 이글은 입시경쟁의 효용성과 한계를 적절하게 길항시키는 기독교 교육 공동체, 그런 기독교교육을 뒷받침하는 대안적, 대조적 공동체의 건설이라는 보다 더 광범위한 기독교신앙의 과제를 제시하고자 한다.

II. 한국교육을 지배하는 무한경쟁주의 이데올로기[3]

1. 우리 시대의 최고 화두(話頭), 교육과 대학입시 문제

우리나라 사람들의 주목을 일순간에 집중시킬 수 있는 쟁점들이 몇 가지 있다. 축구, 영어, 부동산 재테크, 그리고 교육 문제다. 특히 교육 문제는 단연 최고의 관심사요 쟁점이다. 어떻게 하면 자녀 교육을 잘 시킬 수 있나? 어떻게 하면 좋은 학군에 갈 수 있을까? 어떻게 하면 좋은 학원을 만날 수 있나? 한국의 교육현실은 교육에 관련 모든 당사자들을 비인간화시키고 있다. 학교현실에 밀어 닥친 거친 경쟁주의 분위기는 학생, 교사, 그리고 학부

---

3) 이 단원의 글은 필자의 2006년 5월 『기독교사상』에 투고된 원고 "잡초 같은 아이는 없다."에 크게 빚지고 있음을 밝힌다.

모 모두를 극도의 경쟁분위기로 몰아간다.[4] 학교 간, 교장 간, 학급 간에 이 뤄지는 경쟁은 물론이거니와 학생들 사이에 벌어진 무한 경쟁의 근저에 깊은 불안과 두려움이 깔려 있다. 1등이 안 되면, 남보다 더 앞서지 않으면 대재난이 올 것이라고 가르치는 얼굴 없는 무한경쟁주의라는 확성기의 외침 때문이다. 쇄도하는 무한 경쟁주의 이데올로기의 진원지는 어디인가? 단도직입적으로 말하자면, 그것은 국가와 기업이다. 국가끼리 국가의 브랜드를 걸고 치러지는 국제무역 분야에서 무한 경쟁주의가 발생한다. 소득 2-3만 불국가, 소위 선진국을 만들겠다는 국가적 열망 때문에 무한 경쟁주의 이데올로기가 위세를 떨친다.

　　그럼 누가 우리나라를 에너지 고도소비 국가인 선진국으로 만들겠다고 이토록 극심한 무한경쟁주의 이데올로기를 외치고 있는가? 선진국 한국의 미래상은 누구의 머리에서 나온 아이디어였는가? 그것은 박정희 군사정권 및 유신 정권이 국민의 인권과 민주주의적 가치를 박탈함으로써 국민들을 선진한국이라는 국가이념에 속박했을 때 안출된 국가의 미래상이었다. 박정희 정권은 선진국, 가난 극복 등의 국가 이념을 내세운 채 참 자유의 가치, 동정심, 연대성, 공존과 평화, 개성과 인권의 가치는 주변화 되었다. 국가주도의 경쟁이데올로기로 국민을 총체적으로 관리하고 다스리는 독재 정권은 사라졌지만 사회 각 영역에 남아있는 박정희적 목표지향적 경쟁주의는 국가주도적 이념 독재의 첨병으로 아직도 한국 사회를 옥죄고 있는 것처럼 보인다. 한국사회는 아직도 박정희 정권이 설정한 선진국 국가 이데올로기에서 자유롭지 못하다. 5-6공 군사정권이 박정희 파시즘 정권의 명시적 후계자라면, 김영삼 문민정부, 김대중 국민의 정부, 그리고 노무현 참여정부는 암

---

4) 2005년 8월 16일자 한겨레 신문 박용현 기자의 "수능 평균 강남-지방 읍면 43점차"라는 기사는 사교육비의 투입여부에 따라 수능점수가 달라지고 이로 인해 야기되는 교육 불평등이 계층화의 형태로 고착화되고 있음을 잘 지적하고 있다. 같은 날 같은 신문에 실린 "가난과 낮은 학력의 대물림"이라는 기사는 왜 교육 현장이 부모까지 가세한(사교육비 과잉투자를 수반) 총체적인 경쟁과 각축의 자리가 될 수밖에 없는가를 잘 보여준다.

묵적 후계자다. 노무현 정부의 고급 정책 관료들은 박정희 정권의 선진국 환상 교육의 영향을 완전히 극복하지 못했다. 무릇 정권을 유지하기 위해서 대중들의 경제적 불안을 해소하고 더 나은 미래가 있다고 약속하지 않으면 안 될 것이다. 즉 누구든지 국가경영을 책임지면 박정희 정권식의 국가 프로젝트를 내 걸지 않을 수 없을 것이다.

2. 교육을 병들게 하는 오도된 국가 목표와 무한 경쟁주의 이데올로기의 첨병들

이런 선진국 진입의 꿈을 이루기 위하여 우리나라 역대정부는 국가 대표급 대기업을 양성해 내었다. 자동차, 반도체, 조선, 전자제품, IT, 생명공학 산업 분야에서는 세계적 경쟁력을 갖춘 기업들이 무한경쟁으로 담금질된 대표선수로 성장했다. 국가 금융의 전폭적인 지원 속에 성장한 대기업들이 세계시장을 석권하려고 분투하고 있다. 따라서 국가 기간산업을 주도하는 대기업들은 아무리 그 내부가 썩어 부패하였다하더라도 단일화 되어 가는 세계시장에서 국가를 대표하는 대표 선수급 기업이므로 여러 가지 법률상의 혜택과 면죄부를 수없이 누려오고 있다. 왜냐하면 그것들은 도덕성과 윤리, 정의와 공평의 잣대로 재단할 수 없는 일종의 성소(sanctuary)이기 때문이다. 선진한국을 견인하고 고열량 고에너지 고휴가 웰빙 한국 시대를 주도할 것이므로 그 자체가 신성한 성전인 것이다. 우리나라 사람들은 이런 기업들이 나라의 국운을 좌우할 것이라고 믿는 지배계층의 맹목적 교리에 현혹되어 그 성소들을 향하여 절을 한다. 풍요로운 삶, 곧 비양심적일지라도 에너지 고도 소비, 열량 고도 소비, 휴가와 대중오락을 보장하기만 하면 국민의 경배를 받아도 되는 이런 대기업들이 바로 무한 경쟁주의 이데올로기의 근접한 진원지다.

그들이 바로 한국 정부와 국민의식의 모든 신경계를 지배하고 있다. 한국사회의 모든 영역은 바로 국가의 정치권력과 정치권력의 복합체가 조장하는 무한 경쟁주의 이데올로기에 사로잡혀 있는 것이다. 이것이 바로 신자유주의 이데올로기다. 신자유주의 이데올로기가 명시적으로 악(惡)을 표방하는 이데올로기는 아닐지라도, 인간의 가치보다는 경제적 채산성, 고용되지 못한 가장들의 깊은 고독과 절망보다는 노동시장 유연성을 우선시함으로써 광범위한 사회불안을 초래한다. 신자유주의적 기업들은 기업 생산성이라는 이름으로 노동시장 유연성을 묵수하며 노동자를 인권의 개념이 아니라 생산에 투입되는 비인격적 생산요소요 노동력으로 환원시켜 본다. 이처럼 지금 한국은 무한 경쟁주의적 신자유주의의 덫에 걸려 있다. 그래서 국가 경쟁력 강화가 우리 한국사회의 국시처럼 되어 버렸다.

국가경쟁력 강화는 결국 시민들의 개별적 경쟁을 통해 구축되기 때문에 학교교육은 경쟁을 통한 상승과 도태의 구조를 학생들에게 강요하지 않을 수 없게 된다. 학교교육과 파시즘적 국가경쟁력 강화는 역사적으로 아주 친숙한 혈족관계를 이룬 적이 많다. 독일의 근대 공교육과 히틀러의 나치즘 출현과 일본의 독일식 국민교육 실시와 군국주의 발흥은 이미 익히 알려진 바처럼 인과 관계의 고리로 연결되어 있다.[5] 1차 세계대전 발발과 히틀러의 등장 이전의 근대 독일은 국민교육이라는 이름으로 국가경영의 목표를 학생들에게 주입시켰던 것이다. 독일의 공립학교는 병영과 유사한 구조를 띠었다. 독일은 그래서 단시간에 국가 이데올로기로 추동된 국가 전쟁에 아무 어려움 없이 국민들을 동원할 수 있었다.[6] 한국은 독일의 근대 국민교육을 흠모한 일본 국민교육의 상속자다. 우리 사회가 경제 분야에서는 박정희 시대

---

5) John R. Rushdoony, *The Philosophy of the Christian Curriculum* (Vallecito, CA: Ross House Books, 1981), 140–143.
6) 국가이데올로기 교육을 비판한 E. 라이머의 『학교는 죽었다』, 김석원 역(서울: 한마당, 1997), 이반 일리치의 『탈학교의 사회』, 황성모 역(서울: 삼성문화재단, 1978)을 보라.

의 파시즘을 극복하지 못했다면 교육부분에서는 아직도 일제가 이식한 식민주의 "국민교육"의 망령을 극복하지 못하고 있다. 이런 국가 이념에 속박된 국민교육 경험 외에 현재 우리나라는 남북 분단체제에서 군대경험과 군사적 대결 구조 등으로 인해 더욱 더 적대주의적 경쟁분위기에 의해 휘둘리고 있다. 한국의 대기업, 국가 엘리트 스포츠, 국가대결 시합 등 모두 이기는 것, 경쟁에서의 승리를 극단적으로 높이고 있다.

그런데 우리는 왜 이렇게 이김에 집착할까? 경쟁에서 지면 어떻게 되는 것일까? 최근에 신문 보도된 요즘 고등학교 학급의 급훈들에 대한 기사가 주목을 끈다.

"10분 더 공부하면 마누라가 바뀐다."
"오늘 흘린 침은(잠자는 것을 가리킨다) 내일의 피눈물이 된다."

세계 일류기업을 꿈꾸는 우리나라의 삼성과 현대 등 모든 대기업들도 거의 유사한 방법으로 사원을 독려하고 몰아붙인다. 성장과 발전 속도의 광기와 승리의 황홀경에 도취되려고 하는 이 무한 경쟁주의, 무한 승리주를 지속시키는 힘은 무엇일까?[7]

3. 신자유주의적 무한경쟁주의의 정신적 토대, 두려움과 불안

적에 대한 두려움이다. "내"가 아닌 "적"이 승리했을 때 오는 전적 박탈감이 무한 경쟁과 무한 승리주의 이데올로기의 근저에 놓여있다. 이 상황에

---

7) 박노자가 쓴 한겨레 신문(2007년 9월 12일) 칼럼에서 그것을 "한국인의 무적의 성공열망"이라고 말한다("노예화, 그 개인적 대가"). "'개인경쟁력'이 강화되면 될 수록 개인의 생명력이 바닥에 떨어질 수도 있다는 것을, 다른 세상을 꿈꿀 줄도 모르는 사회에서 사는 사람의 인간성은 상실될 수 있다는 것을 우리는 언제쯤이면 뼈저리게 느끼게 될 것인가?"라고 말하는 박노자의 논평은 무한경쟁주의 교육의 파국적인 이면에 대하여 경고하고 있다.

서 적의 기습 공격을 대비한 무한한 자기 담금질이 정당화된다. 세계단일 시장에서는 국가 브랜드를 내건 민족기업들과 다국적 기업들이 무한 경쟁을 벌이게 되고 시장을 점령하려고 하는 무역행위는 총성 없는 전쟁이 된다. 한 때 세계가 사회주의와 자유주의로 양분되었을 때 이념논쟁이 양진영 사이에 일어난 주된 전쟁이었다. 그 때에는 러시아나 중국이 철강이나 기름을 대량으로 소비하려고 하지 않았다. 그러나 이 인구 최대의 두 국가가 자유주의로 전향하면서 세계는 다층적으로 각축하고 경쟁하는 구도로 바뀌었다.

지금 세계는 자원과 에너지를 얻기 위한 전쟁으로 돌입했다. 중국이 철강을 한번 사재기 시작하면 세계 철강시장은 공황 상태에 빠진다. 중국, 러시아, 인도, 인도네시아, 그리고 브라질이 고도 에너지(석유)소비 사회로 진입하면 중동의 석유를 둘러싼 자원약탈 및 확보전쟁은 지금보다 더 치열할 것이다. 사실 미국과 유럽이 주도하는 신자유주의 무한경쟁주의는 사회주의 경제권의 때 이른 몰락이 가져온 광풍이다. 보호무역 정책으로 자기 나라의 경제주권을 보호하려고 하는 나라들이 많을수록 경쟁주의는 약화된다. 각 나라가 약간 가난하게 그러나 인정이 많고 자비로운 나라로 살기로 결단하면 경쟁주의 분위기는 완화될 수 있을 것이다. 무한 경쟁주의를 지상 과제로 앞세우지 않아도 살 수 있는 사회주의적 경제권이 있다면 그것은 어떤 의미에서 사막 같은 신자유주의 무한경쟁주의 한 복판에 있는 녹지대와 같을 것이다.

하지만 신자유주의 세계단일 시장주의자들은 이런 호혜적 공존을 원치 않는다. 이런 신자유주의를 옹호하는 큰 나라들은 항상 시장 개방을 통한 자원의 불균등한 배분, 그리고 자국 제품의 구매시장 개척을 노리고 있다. 이것은 큰 나라들이야말로 가장 큰 "두려움"에 사로잡혀 있다는 증거인 셈이다. 그래서 미래의 자원고갈에 대하여 미국, 중국, 러시아 등은 거의 공포에 가까운 불안을 안고 산다. 그들은 열량과 연료 소비를 줄일 생각은 하지 않고 미래의 자원 확보에 국가명운을 걸고 있다. 적에 대한 두려움 때문이다. 적에 대한 두려움이 무한경쟁주의의 진원지다.

따라서 어떤 한 나라 한 민족이 이 신자유주의의 광풍의 진원지라고 보기 힘들다. 예수께서 잔잔케 하셨던 그 갈릴리 호수의 광풍은 하나님을 떠난 인간 본성에 일어나고 있다. 그 광풍의 원인은 하나님의 보호와 돌봄, 사랑과 선의를 믿지 못하는 인간의 불안과 두려움이다. 불안과 두려움이 강남을 지배하고 한국교육을 지배하고 있다. 그래서 대학입시를 앞둔 수험생들은 밤 11시에도 새벽 2시에도 잠들지 못한다. 이긴 자가 모든 가치, 진선미를 독차지해 버리는 승자 독식 문화의 야만성, 패배자가 되었을 때 올 비참과 궁핍 등이 우리 아이들, 우리 대기업들을 잠들지 못하게 한다. 원래 교육은 이런 정글 같은 인간성, 야수적인 인간성을 개간하고 교화하여 보편적 교양을 길러주는 과정이어야 하는데 어떤 나라건 상관없이 현대의 교육은 국가 이데올로기의 하수인 양성으로 전락하고 있다.

이런 상황에서 한국교회와 기독교학교들은 교육이 구현하고자 하는 보편적 가치를 구현할 수 있는 정신적 토대를 가지고 있음에도 불구하고 아직까지는 두각을 드러내지 못하고 있다. 근대 한국의 형성 초입에 보편적 교육에서 기독교회가 발휘했던 지도력을 덕스럽게 계승하지 못하고 있다. 그 이유는 교회와 기독교학교도 이런 무한 경쟁주의적 국가주의 교육 열풍으로부터 자유롭지 못하기 때문이다. 김형수의 〈문익환 평전〉을 보면 초기 우리나라 서북지방의 기독교인들이 압록강 건너 편 명동과 북간도 지역에서 발휘한 교육적인 지도력과 경륜이 어떠했는가를 잘 알 수 있다.[8] 우리 교회는 죽어서 가는 천당 이야기만 너무 하지 말고 이 땅에서 벌써 죽은 자처럼, 곧 음부에 떨어진 귀신처럼 참다운 삶을 박탈당한 청소년들과 아이들에게 하나님 나라의 가치를 선포하여야 한다.

우리 한국교회가 달려가야 할 땅 끝은 어디인가? 청소년은 중국공산당

---

8) 김형수, 『문익환 평전』(서울: 실천문학, 2004), 94-101("북간도에 온 그리스도").

보다, 그리고 이슬람교도보다 더 먼, 복음의 빛이 미치지 못하는 땅 끝에 존재하는 이방인이다. 기성사회로부터 너무나 멀리 소외된 자들이 바로 어린 학생들이다. 밤 12시까지 학원에 속박된 채 꿈을 잃어버린 아이들과 청소년들이 병영 같은 한국사회에서 순응적으로 살 것인지 아니면 비순응적 사회 일탈자로 살 것인지 강요당한다.

4. 소결론—한국 사회의 건강성을 회복하여야 교육이 회복된다

바로 이 지점에서 우리는 한국의 교육 문제를 어떻게 해결할 수 있을지를 생각하게 된다. 우선 우리는 한국 교육의 문제가 해결될 수 없는 초월적인 문제가 아님을 인식하여야 한다. 그것이 사람들에게서 시작된 문제라면 사람이 고칠 수 있는 것이다. 보다 더 건강한 사회를 만들어가려는 노력 속에서 풀어가야 할 것이다. 물론 엄청난 분투와 희생이 필요하고 특히 기독교회와 그리스도인의 자기희생적인 결단이 필요할 것이다. 지금 교육문제의 중심 논제를 구성하는 교육의 타율성, 무한경쟁주의, 승자독식주의, 학벌주의, 학교서열주의 등은 학교에서 처음으로 생겨난 문제가 아니라 학교에서 크게 발견되고 부각되는 문제들일 뿐이다.[9] 학교의 왜곡에 학부모의 왜곡된 요구(출세지향적 경쟁체제 고취, 명문대 입시 성공률 제고 등)가 있고 학부모의 왜곡된 요구에 우리 사회(국가와 대기업들)의 교육에 대한 왜곡된 기대와 요구가 있다. 학교의 거칠고 폭력적이고 경쟁적인 분위기는 오도된 국가경영 목표와 이것을 떠받치는 대기업들과 그것과 연계된 부수적인 사회조직들이 초래한 것이다. 그렇지만 우리는 아무리 노력해도 모두 다 1등이 될 수 없다. 이런 점에서 1등만이 행복해질 수 있는 사회는 반사회적인 집단이

---

9) 대학입시의 비교육적 성격과 학벌사회와 대학서열화의 문제를 지적한 홍세화의 칼럼, "대학평준화를 위한 상상력"(한겨레신문, 2007년 9월 12일자)을 보라 (2007년 8월 27일에 같은 신문에 실린 동 저자의 "대학 간판과 명함" 또한 시사적이다).

다. 노력하지만 1등을 못하는 사람들에게도 인간의 존엄성을 지키고 평화롭고 행복하게 살 수 있는 사회를 만들어야 교육문제는 어느 정도 해소될 수 있다. 밭에는 잡초가 없다는 윤구병 선생의 말씀처럼 교실에는 아무 쓸모없는 잡초 같은 학생은 없다. 잡초처럼 멸시받는 사람들도 실상은 쓰임새를 가지고 있는 사람이다. 우리 사회에서는 그런 사람에게도 행복할 기회가 주어져야 한다. 이긴 자가 행복을 좀 오래 좀 더 많이 누리는 것은 참을 수 있지만 다른 사람을 불행하게 만들 만큼 행복과 평화를 독점하는 것은 인간 양심에 승인될 수 없는 반(反)사회적이요 반(反)공동체적인 악이다. 교육이 공공연한, 그러나 조작된 원리에 의해 수행되는 행복과 불행의 배분 과정이 되어서는 안 된다. 고등학교 3학년의 수능점수나 학교성적으로 대학이 정해지고 그 대학은 어떤 사람에게는 훈장이 되고 어떤 사람에게는 어두운 그늘이 되어 일생동안 꼬리표처럼 따라다녀서는 안 된다. "너는 이 등수니까 이 정도의 대학, 이 정도의 학과에 가야하고, 이 정도의 대학을 나왔으니까 이 정도의 직장에 만족해야 하고 이 정도의 직장에 다니니까 이 정도의 평수의 아파트에 사는 것이 정당하지 않은가?"라는 식이 되어서는 안 된다. 그렇다면 이런 극단적 경쟁사회에서 그리고 이렇게 파행적인 교육 풍토에서 기독교회와 기독교학교가 주장하는 기독교 교육은 과연 가능할까?

먼저 기독교 교육이 자신의 대안적인 교육, 대안 사회, 대안 직업군상에 대한 명확한 이해가 있어야 대안 교육을 효과적으로 실행할 수 있을 것이다. 『프리스쿨』이라는 책의 저자 크리스 메르코글리아노(Chris Mercogliano)는 5장 〈두려움은 배움과 함께 춤출 수 없다〉에서 "대부분의 현대학교가 가지고 있는 통제와 감시, 측정이라는 학습 환경은 온갖 통제의 덫 없이는 어떤 건설적인 일도 일어나지 않으리라는 두려움과 불안" 때문이라고 분석한다.[10] 아이들을 어린 시절부터 끊임없이 학원들과 프로그램화된

<hr />

10) 크리스 메르코글리아노(Chris Mercogliano), 『프리스쿨』, 공양희 역 (서울: 민들레 출판사, 2002), 126-142(특히 141).

교육체제 속으로 몰아넣는 우리 사회의 과도한 교육열풍도 결국은 두려움과 불안의 집단 표출이라는 것이다. 배우고 성장하려는 아이들의 타고난 욕구에 대한 근본적인 믿음과 존중 없이 이루어지는 교육이란, 결국은 교육이라는 허명 아래에 이루어지는 정신적인 폭력이 아닐까라는 생각에 이르게 된다. 학생들을 지적이고 영적인 깊은 욕구를 가진 존재로 다시금 재발견하는 것, 이 단순한 믿음을 회복하는 것이 우리 사회가 당면한 교육문제를 풀어가기 위한 첫걸음이 되어야 하지 않을까? 그리고 그러한 욕구를 최대한 존중하여 그들의 욕구에 맞게 배울 수 있는 평화로운 교육환경을 만드는 것이 우리가 이루어가야 할 그 다음 과제가 아닐까?[11] 그것은 학교가 그 자체로 우정과 사귐, 평화와 지지의 관계성이 살아있는 참다운 공동체가 되어야만 가능할 것이며, 우리 사회 전체가 유기적인 공동체성을 회복할 때 비로소 현실화될 수 있을 것이다. 우리 사회가 교육문제를 기능적이고 독립적인 영역으로가 아니라 삶 전체에 대한 통합적인 관심 속에서 볼 수 있을 때, 무한 경쟁주의적 교육체제를 통한 수월성 제고(提高)와 서열화에 매몰되지 않고 우정, 사랑, 배움의 기쁨, 그리고 공동체적인 선의 공동추구를 가능케 하는 교육을 시도할 수 있을 것이다.

---

11) 정선희, "작고 진지한 교육의 소중함," 〈프리스쿨〉 서평, 『처음처럼』 33/34(2002. 9/10–11/12), 204–213 (특히 211–212).

III. 입시 경쟁에 대한 성서신학적 입장

1. 경쟁의지의 화신, 야곱의 약전에 나타난 경쟁의 효용과 그 승화(창 25-49장)[12]

양보의 사람 아브라함

창세기는 경쟁과 각축 이야기로 가득 차 있다. 가인과 아벨의 갈등을 필두로 탑을 쌓아 하늘에 닿게 하여 이름을 내려고 하던 바벨탑 축조세대들을 거쳐 족장들에 이르기까지 창세기의 등장인물들은 여러 모양으로 경쟁과 각축에 연루되어 있다. 그 중에서 족장 야곱의 가정이 경쟁과 각축으로 인생과 운명을 개척해가는 인물들을 많이 배출하고 있다. 야곱과 그의 아들 요셉이 유난히 경쟁적이고 반면에 그의 조부 아브라함과 이삭은 덜 경쟁적이다.

아브라함이 하나님의 복을 받아 번성하게 되자 아브람과 조카 롯 사이에 목초지를 사이에 두고 영역 다툼이 일어난다(창 13:1-2, 5-7). 롯과 아브람은 모두 더 이상 한 지역에 살 수 없을 정도로 번성하였다. 이제 그들에게는 아름다운 이별이 필요했다. 이때 아브람은 이 문제를 해결하기 위해 아주 대범한 제안을 한다(창 13:8, 9절). 아브람은 상식과 관례를 뒤집고 조카 롯에게 선택권을 과감하게 양보한다. 롯이 선택한 땅은 언뜻 보기에도 비옥하고 번성한 평지 도시 지역이었다. 그에 비해 아브람은 부자가 되는 데 관심을 쏟지 않고 척박하고 한적한 지역에 장막을 친다(창 13:12, 14-18). 그는 의식주 문제를 해결해 주시는 구원자가 하나님임을 확신했기 때문에 땅을 과감하게 양보했다. 애굽 땅이 비옥한 땅이었지만 신앙생활을 하는 데 방해가 됨을 깨달았던 것이다. 따라서 애굽 땅과 같이 윤택해 보였던 요단 들과 소돔 고모라 지역을 탐하지 않았다. 아마도 12장 10-20절의 경험을 통해 아브람

---

12) 이 단원은 필자의 『하나님 나라 신학의 관점으로 읽는 모세오경 1』(서울: 대한기독교서회, 2005), 138-175에 빚지고 있다.

은 척박한 땅일지라도 가나안 산지가 더욱더 소중한 약속의 땅이라고 생각할 수 있는 여유를 가졌을 것이다.

그러나 이러한 신앙적인 결단에도 불구하고 아브람에게는 우선 손에 잡히는 땅의 복이 없었다. 그래서 하나님은 좋은 땅을 롯에게 양보한 아브람에게 깊고 장구한 약속을 베푸신다. 현실적인 재물이나 값나가는 땅에 비하여 약속은 보다 추상적으로 들릴 수 있다. 그러나 롯이 선택한 '현실'의 땅에 비해 아브람에게 주신 '약속'의 땅은 아브람의 후손까지 살리는 땅이 될 것이다. 실로 아브람의 시선이 머물고 그의 발바닥이 닿는 땅은 모두 다 그의 땅이 될 것이다. 이제 아브람은 약속이라고 불리는 보금자리에 머물며 거기서 하나님의 임재를 맛보는 삶의 비밀을 조금씩 깨달아 간다(14-18절). 또한 일부러 산지 한적한 곳으로 장막을 옮겨 신앙 진지를 구축한 아브람은 하나님과의 동행을 삶의 최우선 과제로 삼았다. 게다가 신앙인의 명예와 위엄을 지키기 위해 물질적인 이익을 기꺼이 양보할 수 있는 대범성까지 과시한다. 결국 경쟁의 원리가 아니라 양보의 원리로 승리를 거둔 것이다. 창세기 저자는 탐욕적 경쟁보다는 희생적 양보를 택한 아브라함을 롯에 비하여 항구적인 복의 근원으로 삼는다. 이런 점에서 아브라함의 생애는 경쟁주의적 삶에 대한 경계를 보여주고 있다.

온유의 사람 이삭

창세기 26장은 경쟁과 각축의 길 대신에 양보하는 길을 택한 온유한 자가 땅을 상속하게 되리라는 산상수훈의 복을 상기시킨다(마 5:5). 하나님께서는 애굽으로 이주하는 대신에 그랄 땅에 남기로 한 이삭을 물질적으로 크게 번성케 하셨다. 그랄 땅에서 농사를 짓던 이삭은 100배의 수확을 거둔다. 그 외에도 하나님께서는 이삭에게 엄청난 재물로 복을 주셨다. 그러나 이 모든 번성과 풍요가 이삭을 또 다른 곤경에 빠뜨린다(12-16, 17-22절). 이삭의 번성을 시기하는 아비멜렉의 목자들이 아브라함이 판 우물을 메워 버리거나 그것들을 강탈하였다. 아비멜렉은 이삭에게 그랄을 아예 떠날 것을 요구한다. "네가 우리보다 크게 강성한즉 우리를 떠나라"(창 26:16). 아버지의 우물들을 퍼마시고 살던 수동적 능동형인 이삭은 "빼앗기면 빼앗기리라"는 마음으로 담담히 부조리한 현실을 받아들인다. 우물들을 빼앗긴 후 이삭의 목자들은 골짜기에서 다시 샘을 파서 물을 얻었다. 또 다시 그랄의 목자들은 이삭이 판 새 우물(에섹)마저 강탈한다. 이삭은 또 양보하며 다른 우물을 파서 물을 얻는다(싯나). 그랄 목자들과 악에 받친 대결을 벌이지 않고 수동적 능동으로 빼앗겨 주면서 다른 우물을 파는 방식으로 위기를 헤쳐 나간다(20-22, 23-25절). 에섹, 싯나 두 우물을 빼앗기면서 그는 자신도 모르게 점점 자신의 장막터가 브엘세바 근처로 이동하고 있음을 발견하였다.

그는 브엘세바 근처에서 다시는 그랄 목자들이 싸움을 걸어오지 않을 만큼 큰 우물, 르호봇을 파서 다시 샘물을 얻는다(22절). 그는 그랄 목자들에게 쫓겨 올라간 르호봇으로 가는 바로 그 길이 브엘세바로의 복귀여정, 즉 신앙회복의 여정임을 깨닫게 되었다(22-23절). "(르호봇으로부터) 그가 브엘세바로 올라가 다시 하나님의 환상을 보았다"(24절). 인근 족속들과의 갈등은 그에게 잊고 지내던 브엘세바 약속(하나님의 임재와 보호를 상기시키는 약속)을 상기시키는 역할을 하였다. 이삭이 브엘세바로 올라가 "단을 쌓고 다시 하나님의 이름을 불렀다"는 것은 신앙으로 사는 삶의 방식을 되찾았다는 것을 의미한다. 각축과 경쟁의 세계에서 시달리면서 그는 하나님과의 뜨거운 만남이 회복될 브엘세바로 회귀하는 복을 받게 된다. 각축에서 진 바로 그 상황이 하나님이 예비한 비밀스러운 복으로 회복시키는 선을 이루게 된 것이다. 이러한 신앙회복을 맛본 이삭에게 아비멜렉 세력은 평화우호조약을 맺자고 접근한다. 아버지 대부터의 경쟁자였던 아비멜렉과 그의 친구 아훗삿, 군대장관 비골은 아무리 잃고 빼앗겨도 이삭의 삶 전체를 채워 주시는 하나님의 절대적인 복 받음의 현장을 보면서 그에게 승복하게 된다. 하나님의 함께하심이 어떤 힘보다 강한 것임을 그들도 인정한 셈이다(26-29절). 온유한 자가 땅을 차지하는 순간이다.[13] 브엘세바는 경쟁과 각축 대신에 온유의 길을 택한 이삭의 세상을 이기는 신앙을 증거하는 우물의 도시다(참조. 요 16:33-34; 요일 5:4). 이삭의 생애도 각축과 경쟁보다는 양보와 져주는 삶이야말로 하나님께서 간섭하시는 영역임을 보여준다.

경쟁과 각축의 사람 야곱과 그 가정 - 파란만장한 가족사

야곱의 인생은 고단한 경쟁과 각축으로 얼룩져 있다. 그의 생애는 경쟁적 삶의 어둔 면과 밝은 면을 동시에 보여준다. 야곱은 130세에 애굽으로 이주해 애굽 왕 파라오를 알현하는 자리에서 자신의 파란만장한 생애를 간결하게 요약한다. "내 나그네 길의 세월이 일백 삼십 년이니이다. 나의 연세가 얼마 못되니 우리 조상의 나그네 길의 세월에 미치지 못하나 험악한 세월을 보내었나이다"(창 47:9).

야곱의 태내시절과 유·청소년기(창 25:19-34, 27:1-46)

유·청소년기와 청년 시기부터 야곱은 격렬한 경쟁의식과 승부사적 긴장 때문에 고난 가운데로 내던져진다. 어머니 리브가 뱃속에서부터 장자가 되려고 형의 발꿈치를 잡았던 야곱은 경쟁심과 승부욕이 강한 사람이었다. 어느 날 사냥에서 돌아온 에서는 너무나 허기진 나머지 야곱의 팥죽 한 그릇과 자신의 장자권을 맞바꾸는 실수를 저지른다. 25장 31-34절은 에서의 장자권 상실과 관련하여 야곱의 교활함을 비판하기보다 에서의 경거망동을 더욱 질책한다. 장자가 되기에는 결핍된 에서의 감정통제력(먹는 문제, 배우

---

13) 참조. Gordon J. Wenham, 「WBC 창세기 주석 (하)」, 윤상문, 황수철 역(서울: 솔로몬, 2001), 366. 웬함은 이삭의 온유를 다소 소극적으로 평가한다. 그에게는 이삭은 소심하고 수세적인 인물이다. 하지만 본문은 이삭의 수동적 태도를 적극적으로 평가한다. 하나님의 섭리에 대한 믿음 때문에 그가 조금씩 온유해져가는 장면을 부각시키고 있는 것처럼 보인다.

자 고르는 문제 등)과 성급한 기질이 그의 장자권 상실의 빌미를 제공하게 된다. 팥죽 한 그릇과 장자권을 교환한 것은 그가 장자권을 경멸하였기 때문이라고 창세기 저자는 못 박는다(창 25:34). 고대근동에서 장자권은 다른 형제들에게 복의 근원이 되는 책임이자 특권을 의미하였다(창 27:29, 출 13장). 창세기 25장 27-34절은 에서 자신이 내린 경솔한 판단이 야곱의 장자권에 대한 열망을 촉발시켰음을 보도하고 있다.[14] 그러나 분명한 것은 장자권 매입과정에 주도적인 역할을 한 것은 에서의 경거망동이라기보다는 야곱의 경쟁의지와 운명초극의지였다.

25장이 장자권 구입과 관련하여 에서의 경거망동을 강조한다면 27장은 에서가 장자의 복을 상실하는 과정에서 드러난 리브가와 야곱의 교활함을 부각시킨다.[15] 이삭이 별미를 중심으로 장자의 복을 에서에게 넘기려고 하는 처사에 대해 리브가가 저항하는 과정에서 리브가의 무리수가 돌출한다. 죽기 전에 장자 에서가 사냥해 온 별미 고기를 먹고 그를 축복(구두유언)하려고 하던 이삭의 말을 엿들은 리브가의 대항 계략 덕분으로(창 27:5-10),

---

14) J. M. 로흐만, 『그리스도냐? 프로메테우스냐?』, 손규태 역(서울: 대한기독교서회, 1988), 19-20. 로흐만은 체코의 공산주의 신학자인 가르다스키의 사상에 의거하여 야곱을 운명을 초극한 전형적인 구약적인 인물이라고 말한다. 야곱은 자연과 도덕에 의해서 그에게 부과된 위치(먼저 태어난 그의 형의 뒤에 놓여진 둘째로서)를 단 한번에 주어진 운명적인 것으로 받아들이기를 거부한 인물이며, 예정(Vorbestimmung)에 항거한 인물이며, 하나님 자신과의 투쟁을 감행하여 마침내 하나님으로부터 축복을 받아 '이스라엘'이 된 사람이라고 말한다. 야곱으로 대표되는 구약성서의 인간은 고정화된 한계선으로서가 아니라 '모든 가능성들의 집약점'으로서의 하나님을 향하고 있다는 것이다. 이런 마르크주의적 해석은 경쟁과 각축을 신학적으로 재가하는 것처럼 보인다. 그러나 야곱 전체의 이야기를 살펴보면 하나님의 야곱 축복은 엄청난 고통과 희생을 댓가로 요구했음을 알 수 있다.

15) 야곱의 장자권 매입과 장자 복 절취 사건은 당시 기준으로 볼 때 법적으로는 문제가 없었던 것처럼 보인다. 또한 창세기 저자는 한편으로는 야곱의 비열해 보이는 이 행동들이 리브가에게 주어진 하나님의 태몽 계시(창 25:33)가 이뤄지기 위한 과정이라고 은근히 말함으로써 야곱을 도덕적 책임으로부터 면제시켜주려는 것처럼 보인다. 그러나 창세기 저자는 또 한편으로 야곱의 인생이 아브라함과 이삭의 향년에 비하여(25:8; 35:29), 조상들에 비하여 연한이 짧았으나 실상은 험악한 세월이었다고 말함으로써(47:9) 야곱의 비열한 행동에 대한 도덕적 평가를 내리고 있다. 창세기 저자는 야곱이 밧단아람과 그 이후에 겪었던 모든 고난의 세월을 자세히 기록함으로써(약간은 신명기 역사적 관점에 기대어) 그의 초기의 도덕의식 붕괴와 과잉된 경쟁과 각축을 총체적으로 비판적으로 바라본다. 예언서들(호 12:3; 렘 9:3)에서는 그의 행동은 더욱 더 노골적으로 비판당하고 있다는 점도 인상적이다(N. M. Sarna, The JPS Torah Commentary. Genesis[Philadelphia et al.: The Jewish Publication Society, 1989], 397-398).

야곱은 아버지를 속이고 축복기도를 받아내었다. 그러나 그 댓가는 엄청났다. 장자의 명분과 장자의 복, 둘 다를 속임수에 의하여 잃어버렸다고 생각하는(36절) 에서는 야곱을 죽이겠다고 다짐한다(34-37절). 이런 에서의 결심이 리브가의 또다른 계략을 초래한다. 그녀는 결혼을 명분삼아 야곱을 먼 밧단아람 외가로 며칠 동안 피신시킨다.

결국 야곱의 험악한 인생살이가 본격적으로 시작된다. 에서 형으로부터 장자권을 산 야곱은 아버지 이삭을 속여 에서가 받을 장자의 축복까지 가로채지만, 그의 인간적 계략과 행동은 오히려 그를 약속의 땅으로부터 쫓겨나는 망명자로 만든다. 20세의 야곱에게 밧단아람 망명길은 하나님의 뜻에 대한 리브가의 과잉 해석이 초래한 재난처럼 보인다. 하지만 야곱 이야기에서 인상적인 것은 야곱이 부당하게 탈취한 것처럼 보이는 장자의 축복이 실제로 야곱에게 이전되었다는 사실이다(28장 벧엘에서 나타나신 아브라함의 하나님, 이삭의 하나님). 하나님의 뜻이 인간적인 각축과 경쟁, 교활함과 인간적 계략을 통해서도 이뤄진다는 점이다. 아브라함과 이삭의 경우와는 달리 야곱이야기에서는 온유와 양보를 미덕으로 칭찬하지 않는다. 경쟁과 각축도 하나님의 뜻을 이루는 도구가 된다는 현실주의적 관점을 유지하는 것처럼 보인다. 적어도 족장이야기가 경쟁과 각축을 단선적으로 윤리적으로 도덕적으로만 바라보지 않는다는 점은 분명하다.

경쟁과 각축으로 얼룩진 야곱 가정 - 외삼촌과의 각축, 아내들의 각축과 경쟁, 하나님과 겨룸 (창 29:1-33:20)

형을 속이고 아버지를 속여서 고향을 떠나 낯선 땅으로 도망칠 수밖에 없었던 야곱은 밧단아람의 외삼촌 라반의 집에 살면서도 그와 경쟁하고 각축한다. 라반은 친족의 이름으로 야곱을 환영하여(13-14절) 처음에는 친절을 베푸는 듯하지만(15절) 이내 야곱을 속이기 시작하였다(21-27절). 라반은 야곱을 데릴사위로 삼으며 그의 노동력을 최대한 활용하기 시작한다. 라반은 속이는 일에서 야곱보다 한 급수 위임이 금세 드러난다. 라헬을 아내로 얻기 위하여 7년 간 일하기로 약조를 맺고 7년을 수일처럼 여기고 라헬을 아내로 맞이할 밤이 되었다. 그러나 혼례를 치르고 첫 밤을 지내놓고 보니 시력이 매우 약한 못생긴 언니 레아가 옆에 누워 있는 것이 아닌가? 속이는 자였던 야곱이 이번에는 라반에게 속는 자가 된 것이다. 눈먼 아버지 이삭을 속였던 죄를 생각나게 만드는 눈먼 레아가 그의 첫 부인이 된 것이다. 어쩔 수 없이 갑작스레 레아를 떠안듯이 아내로 삼은 야곱은 일주일 후 라헬을 아내로 맞아들인다. 그리고 나서 다시 7년을 일한다(창 29:27).

별로 사랑스럽지 못한 레아는 여섯 명의 아들과 한 명의 딸을 낳은 반면에 사랑하는 아내 라헬은 오랫동안 자녀를 낳지 못했다(창 29:31). 이로 인하여 레아와 라헬 사이의 아이 낳기 경쟁은 민망스러울 정도였다. 자식 낳기 경쟁을 벌인 이 두 여인과 두 명의 여종 사이에서 얻은 자식들 간의 알력과 경쟁도 서서히 문제가 되기 시작한다. 이와 같은 레아와 라헬의 경쟁은 자신과 형 에서의 경쟁을 고통스럽게 상기시켰을 것이다. 밧단아람에서의 삶은 야곱 자신이 살아온 삶의 방법, 경쟁과 각축에 대해 다시금 생각하도록 압박하였을 것이다. 하지만 밧단아람에서의 야곱 인생도 하나님의 뜻과 애매모호하게 상호 작용하는 인간의 속임수, 경쟁과 시기심까지도 하나님의 약속을 이루어가는 도구가 됨을 잘 보여준다.

승화되는 경쟁과 각축의 삶 – 이스라엘로 변화되는 반전의 드라마 (30:25-33:20)

밧단아람에서 보낸 20년은 경쟁자 야곱의 인생을 격한 고난으로 집어던진 시간이었다. 야곱의 생에서 우리는 하나님의 뜻이 도덕적 윤리적 청정지역에서만 이뤄지는 것이 아니라 인간적 야망, 운명에 도전하는 투지, 그리고 허약한 인간의 실수와 경거망동 등 입체적 무대에서 극화(劇化)되는 각본처럼 전개됨을 발견한다. 야곱의 생애는 현대인의 합리적인 사고로는 잘

납득이 안 될지 모르지만 하나님의 작정하신 뜻이 이뤄질 때까지 그를 떠나지 않겠다는 하나님의 절대주권적인 의지가 작용하는 현장이다. 그는 냉혹한 승부사로 인생을 시작하여 청소년기를 종처럼 비천하게 살다가 장년기에 자수성가를 이룬다. 그러나 장년기인 자신의 인생황금기에 그의 강철 같은 의지가 산산이 부서지는 경험을 하면서 야곱은 하나님의 복으로 살아가는 법을 터득한다(32-33장). 그는 노년에 자녀들과 가정을 중심으로 일어난 비극적이고 불행한 사건들을 통하여 세속적 욕망을 추구하는 삶의 처량한 한계와 고통스럽게 조우한다(34-35장). 그는 마침내 늦은 인생 말년에 애굽 왕 파라오에게 축복기도를 할 정도로 성숙한 성자로 변하였고 숨을 거두기 직전에는 손자들과 12아들의 미래를 전망하며 축복하는 예언자로 변화되었다(47장과 49장). 이 과정에서 야곱은 환난과 연단으로 담금질된다. 특히 창세기 30:25-35장까지는 야곱의 인생에서 일어난 가장 극적인 환골탈태와 형 에서와의 재회와 화해, 비통한 슬픔과 이별, 그리고 뼈아픈 상실의 연대기를 보여준다. 20년 전 원수로 결별하였던 형 에서와의 화해와 재회의 감격은 그가 그토록 소중하게 여겼던 것(자녀들과 가족)들의 배반 앞에서 빛을 잃는다. 딸 디나의 강간사건과 이 사건의 후폭풍으로 일어난 레위와 시므온의 하몰 세겜 부족 학살사건은 그의 노년을 더욱 더 경건하게 만들었을 것이다. 맏아들 르우벤과 서모 빌하와의 근친상간 사건은 자녀가 무엇인지 가정이 무엇인지에 대하여 고민하게 만들었다. 마지막으로 가장 사랑하는 아들 요셉의 상실은 그의 노년을 결정적으로 고독하게 만들었다. 이 모든 과정은 고집 센 양을 바로 인도하게 위하여 양의 뼈를 꺾는 목자의 마음을 보여준다(시 51:8).

야곱의 밧단아람 타향살이는 요셉의 출생과 더불어 끝난다(창 31:38). 마침내 라헬을 통하여 상속자를 얻은 야곱은 라헬과 레아, 그리고 11명의 아들과 딸 디나를 데리고 귀향길에 오르려고 하지만 라반의 만류로 지연된다.

라반은 야곱이 자신에게 오고 난 시점부터 엄청난 풍요와 번영을 누린 사실을 인정하며 과거의 노동에 대하여 품삯을 정해 줄 테니까 머물러 달라고 요청한다(창 30:27, 28; 28:14). 그가 제안한 품삯에 대한 야곱의 역(逆)제안은 불쑥 내뱉은 말처럼 들리지만 가만히 살펴보면 아주 주도면밀한 생각 끝에 이뤄진 제안이었다(자신은 하나님의 꿈 계시 공로로 돌린다). 라반의 양과 염소 떼 중에서 아롱지고 얼룩무늬가 있고 점 있는 양과 염소는 극히 적었는데 야곱이 바로 그런 종류의 무늬와 점 있는 양과 염소의 새로운 새끼가 태어나면 그것들을 자신의 품삯으로 달라고 요청한 것이다. 야곱은 자신에게 매우 불리한 조건처럼 보이는 품삯결정 흥정을 벌여 라반을 안심시켰다. 마침내 야곱은 라반의 술책을 보기 좋게 따돌리고 가장 튼튼한 양과 염소 떼를 자신의 것으로 만드는 묘책을 구사한다. 이처럼 야곱이 라반의 양 떼들을 빼앗아 오는 과정에는 하나님의 깊숙한 개입이 있었다(창 31:9). 하나님은 라반에게 당한 야곱의 고난에 찬 세월들을 신원하신 것이다. 하나님은 부자가 된 야곱에게 이제 고향으로 돌아갈 것을 명령하신다. 이 명령에 야곱이 순종하는 것을 도와주시기 위하여 야곱에 대한 라반의 적개심과 경쟁심을 동원하신다.

야곱은 20년 동안의 밧단아람의 삶을 마치고 꿈에 그리던 고향을 향하여 귀향길에 오른다. 그러나 야곱의 귀향길은 라반과의 평화로운 작별의 길임과 동시에 복수심에 찬 노기를 띤 채 작별하였던 형 에서와 어쩌면 적대적으로 대면해야 하는 길이었다. 야곱은 20년 전의 시간 속으로 소환되면서 주체할 수 없는 엄청난 공포와 불안에 사로잡힌다(창 32:1-7; 27:41) 이 때 하나님의 사자들이 그 귀향길에서 야곱을 "만난다"(창 32:1; 원전에는 32:2).

라반과의 20년 갈등을 가까스로 청산했지만 이제 야곱은 20년 전 가나안을 떠날 때의 문제 상황(에서와의 갈등)에 직면해야 한다. 그는 에서와의 적대관계를 청산하지 않으면 이제껏 얻은 모든 재산과 가족들을 잃을 지도 모른다는 위기의식을 느낀다. 이런 절박한 불안감을 극복하도록 돕기 위하여 파송된 신적인 사자들의 동행에도 불구하고 형 에서가 400명의 남자들을 거느리고 그를 맞이하러 온다는 사자의 전갈은 그의 두려움을 확장시키고 심화시킨다(창 32:6). 여기서 야곱은 허겁지겁 황급하게 기도를 드리는데 그의 기도는 그 자신의 두려움의 정체를 잘 드러낸다. "아브라함의 하나님"과 "이삭의 하나님"(약속의 하나님)을 불러대는 그의 기도는 허공중에 흩어지는 공허한 자기암시처럼 들리지만, 또한 야곱 자신이 원아브라함–이삭 약속의 계승자임을 주장하며 하나님께서 자신에게 하신 약속을 상기하도록 은근히 압박하는 기도였다(9–12절).

왜 32장은 야곱의 심층심리학적 불안을 이토록 예리하게 해부하고 있을까? 왜 야곱은 20년만의 귀향과 형 에서와의 상봉을 이처럼 극도의 두려움 가운데 맞이하여야 할까? 우리는 여기에 야곱의 지난 삶에 대한 창세기 저자의 도덕적 신앙적 판단이 숨어 있다고 본다. 쉽게 말하면 32장 전체에 걸쳐서 부각되는 야곱의 불안, 죄책감, 두려움 등은 그가 20년 전 에서 형에게 끼쳤던 해악스러운 행동에 대한 통절한 자기비판이었다. 창세기 저자는 이제 와서 하나님의 계시를 자가추진식으로 실현시켰을 때 드러난 야곱의 편의주의적이고 야비하고 기만적인 자세에 대하여 은근하고 그러나 알짬 있는 비판을 가하고 있는 것이다. 야곱 스스로 20년 전의 장자권 매입 파동 및 장자 축복 탈취사건에 대하여 어떤 모양으로든지 자책하고 있음을 보여준다. 그는 형 에서의 보복감정을 용인하고 있으며 그가 자신을 잔인하게 공격해올 가능성 때문에 전율하는 것이다. 형 에서의 보복을 두려워한 나머지 극도의 불안과 공포에 사로잡힌 야곱은 이 과정에서 부당한 방법으로 하나님의 뜻을 이루려고 한 것에 대해 뉘우쳤을 것이다(창 32:5, 20; 33:8, 10). 그는 27장의 장자명분과 장자축복 탈취사건에, 특히 그 방법들에 대하여 심각하게 뉘우쳤을 것이다. 그는 형 에서를 깍듯이 "주(主)"라고 부르면서 장자의 명분에 집착하였던 지난날의 과오를 반성하였을 것이다.

야곱의 신앙역정의 절정인 얍복강 나루터의 철야 씨름기도는 야곱의 생애를 AD와 BC로 나누는 획기적인 사건이다. 어둠 속에 그 모습이 감추어져 있는 어떤 사람(24절)과 밤새도록 씨름한 사건이 도대체 야곱의 불안과 공포와 무슨 상관이 있을까(28-30절)? 이것은 야곱의 환도뼈를 내리치는 사건에 이를 때까지 다소간 신비스러운 사건으로 남아 있다.

그 기이한 씨름꾼은 어둠 속에 모습을 감추고 드러내지 않다가(26절) 야곱의 완강한 공격 앞에 씨름을 그친다. 야곱은 정체 모를 그 씨름꾼과의 씨름에서 이기고 축복을 요청하기에 이른다. 그러나 축복 대신에 그는 먼저 야곱의 환도뼈를 내리친다. 야곱은 환도뼈 위골을 경험하면서도 그 신비스러운 씨름꾼의 복 빌어줌을 강권한다. 그러나 자신의 이름을 가르쳐달라는 야곱의 요구를 거절하고 오히려 그 천상의 씨름꾼은 야곱에게 "네 이름이 무엇이냐?"고 묻는다(29절; 삿 13:17-18). 자신의 지난 삶을 정면으로 응시해 보도록 압박하는 질문이다. "네가 누구냐?"라는 질문이다. "나는 야곱입니다." 다른 말로 하면 "나는 남(형)의 발꿈치를 붙잡고 사는 경쟁적 인생의 전형입니다."라는 고백이다. 그 천상의 씨름꾼은 야곱 대신에 "이스라엘"이라는 새 이름을 준다. "하나님과 사람으로 더불어 겨루어 이긴 자(이스라엘)"라는 말은 하나님의 축복을 지상(至上) 가치로 여기는 사람이 되라는 뜻이다. 이로써 환도뼈가 부서지는 고통이 그가 받을 축복의 내적인 조건이었음이 드러났다(26-32절).

야곱이 벌였던 그 씨름은 지나간 40년의 삶을 청산하고 새로운 존재로 환골탈태하기 위한 해산의 고통이었다. 지난 40년 동안 사실 야곱의 인생은 씨름에서 지지 않으려고 경쟁한 삶이었다(에서와 라반과의 경쟁을 통해서 축복을 쟁취해왔던 삶). 그는 비록 인간의 힘으로 씨름(사람과의 경쟁)에서의 승리를 쟁취하였지만 그 자체가 하나님의 축복을 대체할 수 없음을 통렬하게 자각하였을 것이다. 위골된 환도뼈로 다리를 절었으나 "해가 돋았다."는 표현은 야곱의 마음속에 일어난 영적 각성을 엿보게 해준다.

하나님께서는 경쟁의지와 운명에의 도전의식으로 가득 차 자신의 인생을 개척한 이기는 자 야곱을 전적으로 하나님을 의존하는 절름발이가 되게 하심으로써 그의 인생이 승화될 계제를 마련해주신다. 그는 이제 성자로, 그리고 파라오를 위하여 그리고 12지파 후손을 위하여 기도해주는 복의 근원, 예언자가 된다. 창세기 저자는 결국 경쟁과 각축으로 점철된 야곱의 인생이 엄청난 고통과 환난을 거친 후 성숙되었음을 말한다. 결코 경쟁과 승부욕, 각축하는 삶의 태도가 세상에서 쉽게 취할만한 삶의 방식이라고 말하지 않는다. 그렇다고 아브라함과 이삭의 경우와는 달리 온유와 양보를 칭찬하지도 않는다.

2. 달란트 비유에 나타난 경쟁 (마 25:14-30)

이 본문은 경쟁, 자본주의 등을 정당화하는 본문으로 많이 인증되고 있다. 그러나 자세하게 읽어보면 이 본문은 단지 경쟁을 조장하고 그 경쟁을 통해 드러난 수월성 여부를 평가하여 상벌을 배분하는 과정을 규범으로 제시하지 않고 있다. 오히려 이 비유는 획일적 경쟁과 그로 인한 비교의식 열등감을 조장하는 풍조에 반하는 가르침으로 읽힐 수도 있다. 본문의 주인공은 먼 나라로 여행을 떠난 부재 주인이 다시 돌아올 날을 대비하는 세 종이다. 주인은 세 종을 능력에 따라 차등하게 돈을 맡긴다. 한 종에게는 5달란트(1달란트=6000 데나리온[1 데나리온 하루 임금]=4억2천, 5달란트=요금 한화로 21억원), 다른 종에게는 2달란트(8억 2천), 또 다른 종에게는 1달란트(4억 2천)를 맡겼다. 주인이 세 종에게 각각 엄청난 돈을 맡긴 목적은 이 종자돈을 통해 자신의 재산을 증식해 주기를 기대하였기 때문이다. 여기서 중요한 것은 이미 능력대로 위탁된 초기 자금의 액수가 다르다는 것이다. 오랜 후에 부재주인이 다시 돌아왔을 때 다섯 달란트를 남긴 사람은 다섯 달란트를 증식시켰고, 두 달란트를 받은 종은 두 달란트를 증식시켰다. 그런데 한 달란트를 받은 사나이는 그것을 땅에 묻어두었다. 앞의 두 종은 착하고 충성된

종이라는 칭찬을 들었는데 이 마지막 종은 악하고 게으른 종이라는 정죄를 받았다. 한 달란트 받았던 종은 주인이 매우 완고하고 강퍅하다고 생각하여 땅에 묻어두어 두었다는 변명을 늘어놓았다. 그의 문제는 주인에 대한 잘못된 앎과 불신이었다. 그래서 그는 한 달란트를 기쁨과 창의력을 갖고 활용하지 못했던 것이다. 이 비유에서 주인은 종들이 누가 더 많은 돈의 액수를 남겼는가 즉 단순경쟁을 벌여 누군가가 더 많은 돈을 남겼는가를 묻지 않고 각자 자신에게 맡겨진 돈을 어떻게 창조적으로 활용하여 주인의 재산을 증식시켰는가를 따져 물었다.

이 비유의 핵심은 재림하실 예수님 앞에 충성스러운 종이라고 인정받는 종과 그렇지 않은 종을 구분하는 데 있다. 예수님의 재림에 대하여 충성스러운 대망을 하면서 하나님이 맡기신 복음을 널리 전파하고 잘 확신한다면 그는 상을 받을 것이나 그렇지 않으면 종의 지위도 박탈당하게 되며 창피와 수치를 당하게 될 것이다.[16] 각자 자신이 맡은 청지기 직분을 특권으로 알고 최선의 책임으로 응답하여야 함을 보여준다. 주인을 위하여 일할 수 있다는 것 자체와 그리고 상 받게 되는 기회를 갖는다는 것은 순전한 하나님의 은혜다. 따라서 이 달란트 비유를 단순한 경쟁과 그것에 입각한 상벌의 산술적 평균배분을 정당화하는 말씀으로 읽는 것은 지나치다.

3. 베데스다 연못가의 풍경 – 경쟁의 비인간화 (요 5:1-9)

이 본문은 소모적인 경쟁을 통한 구원에 대한 비판을 담고 있다. 천사가 내려와 동하게 하는 물에 뛰어들어 구원을 받으려는 군상들은 천사가 중보한 율법준수를 통해 구원을 받으려는 유대교적 믿음에 목을 매단 인간들을 표상하는 것처럼 보인다(갈 3:19). 그들은 치열한 경쟁 속에 자포자기한

---

16) J. D. Pentecost, *The Parables of Jesus* (Grand Rapids, MI: Zondervan, 1982), 156.

채 간헐천 온천 같은 베데스다 연못물이 동하여 거기에 뛰어들 날을 앙망하며 누워있는 병자들(병자, 소경, 절뚝발이, 혈기마른 자, 그리고 38년 누워 살던 식물인간)이다. 베데스다 연못가는 인간의 힘으로는 더 이상 치료가 불가능한 환자들이 모여 있는 일종의 예루살렘 성전 부속 요양시설이다. 솔로몬 행각이라고 불리는 다섯 행각이 베데스다 연못 옆에 있었다. 상당수의 주석가들은 솔로몬 다섯 행각은 아마도 모세오경을, 주인공 환자가 누워있던 기간인 38년은 민수기의 광야 방황기간을 상징하고 있다고 본다(오리겐 등). 그는 결국 천사의 손을 통해 중보된 율법을 통해 구원을 받으려고 기다리지만 결코 구원받을 수 있는 유대교적인 상황을 대표하는 것처럼 보인다. 거기 모여 있는 인간들은 베데스다 연못물이 동할 때 거기 먼저 들어가면 낫는다는 비정한 게임의 법칙 때문에 서로에 대하여 경쟁적이다. 이 베데스다 연못은 냉정하고 비정한 경쟁에서 이기면 구원을 경험하고, 지면 한없는 고통 속에서 방치되어 살아야 한다는 율법이 지배하는 세상의 축소판이다. 그들은 바로 옆 성전 뜨락에서 벌어지고 있는 유월절 축제의 환희와 열기와 아무 상관이 없다. 이런 상황에서 예수님은 바로 이곳에 들어오셔서 가장 오랜 기간, 38년 동안이나 침상에 누워있는 환자에게 찾아가신다. 그는 천사가 가끔 내려와 물을 동할 때 먼저 그 물 속에 뛰어드는 자가 낫게 된다는 믿음[17](요 5:3-4[개역 개정에는 괄호처리])을 갖고 살았지만 자신보다 다른 사람이 먼저 뛰어들기 때문에 자신이 구원받지 못한 채 살아오고 있다고 불평한다. 먼저 들어가는 한 명만이 구원을 받을 수 있다는 이 게임의 법칙이 베데스다 연못가에 모인 사람들의 공동체적 유대를 손상시켰다. 이 점은 오늘날 신자유주의적 무한 경쟁사회 분위기를 떠올리게 한다. 회사, 학교, 기타 모든

---

17) 괄호 안에 처리된 부분(3절 하반절-4절[물의 움직임을 기다리니 이는 천사가 가끔 못에 내려와 물을 움직이게 하는데 움직인 후에 먼저 들어가는 자는 어떤 병에 걸렸든지 낫게 됨이러라])은 대부분의 사본들에 누락되어 있다(B. et K. Aland et al., *Novum Testamentum Graaece*[27th ed.; Stuttgart; Deutsche Bibelgesellschaft, 1994], 259-260; NASB, 146).

영역에는 경쟁주의와 성과급 제도가 정착되어 있으며 근본적으로 인간관계의 고상하고 우정 어린 발전을 가로막고 있다. 이런 살벌한 경쟁사회에서는 심지어 1등을 한번 해도 그 뒤에 다시 경쟁이 시작되기에 영원한 구원이 아닌 것이다. 끝없는 경쟁만이 사회를 지배한다. 공존과 공영, 우정 어린 연대성과 공동체적 정서를 함양함으로써 서로 상생하지 않으면 다 죽는데, 공존할 수 없는 상황이 연출되고 있는 것이다.

예수님은 이 절망적이고 비정한 베데스다 군상들에게 구원의 탈출구가 되신다. 그는 38년 된 병자를 주목해 보시고 그가 오랜 병으로 이미 심신이 파괴된 자임을 알아차리셨다. 예수님은 그에게 몸과 마음의 병 모두를 포괄하여 그 병에서 낫고자 하느냐고 물으셨다. 예수님은 다른 사람과의 경쟁이 아니라 하나님을 향한 믿음, 자기 자신의 마음을 추스르는 결단의 중요성을 가르쳐주신 것이다. 낫고자 하는 희망이 연못을 향하지 않고 하나님의 아들, 성육신하신 하나님을 향할 때 경쟁적 분위기로 굳어진 우리 마음이 믿음과 희망의 상상력으로 점화된다. 예수님은 다른 사람들에 대한 불평의 마음까지도 고쳐주시기 위하여 서론적 문제제기를 하신 것이다(낫고자 하느냐?). 본문은 베데스다 연못가의 절망풍경(율법의 공로로 구원을 얻으려는 삶)에서 탈출하는 길은 하나님의 아들 예수님을 영접하고 그를 향하여 벌떡 일어서려는 믿음임을 가르쳐준다. 자신의 인생을 향하신 하나님의 지극히 인격적이고 개인적인 접근을 영접하는 것이 수평적 경쟁이데올로기에 목숨을 거는 삶, 남보다 연못물에 먼저 뛰어들려는 삶보다 더 확실한 구원의 길인 것이다.

그리하여 예수님을 영접한 사람은 창조주 하나님에 대한 신앙 안에서 자신의 근원과 본분을 알고 있는 참된 인간이며, 따라서 진정한 인간애를 지니고 다른 인간들과 더불어 산다. 구원받은 신자는 다른 인간들의 자유와 기쁨을 증진시키는 동반자와 조력자로서 자신을 나타낸다. 구원받은 백성들 사이에는 오로지 공동체성과 상호성이 지배한다. 타자연대적 존재로서의 인간(Mitmenschenlichkeit)은 적대적 경쟁관계가 소거된 실존이다.[18] 경쟁이라는 방식을 통한 수월성 추구는 인류의 공공선을 창조하지 못할 뿐 행복과 불행의 배분을 영속화시키는 잔혹한 제도일 뿐인 것이다. 베데스다 연못가는 서로 경쟁하여 구원을 받으려는 군상들의 감시어린 경쟁과 경쟁에서 졌기 때문에 구원을 놓쳤다고 생각하는 패배한 자들의 탄식과 실망을 보여준다. 예수님은 경쟁보다는 동정과 긍휼, 베데스다를 탈출하고자 하는 희망을 찾으셨다.

4. 바울 서신들에 나타난 경쟁 관련 구절들
(고전 3:10-15; 9:24-27; 빌 2:5-11; 3:1-14; 딤후 2:19-22; 4:7-8)

경쟁을 정당화하는 듯한 바울의 언급들 고전 3:12-15; 딤후 2:19-22

이 단락의 바로 직전 단락은 고린도교회의 헛된 파쟁과 분열을 질타하는 바울의 다소 격한 편지글을 담고 있다(1-9절). 바울은 시기와 분쟁은 육신에 속한 자, 아주 미성숙한 신자의 표지라고 말한다(3절). 특히 바울파와 아볼로파라는 교회의 다수파들의 미성숙을 예리하게 지적하고 있다(4-5절). 바울은 다 같은 동역자라는 의식으로 시기와 분쟁을 해소시킬 것을 주문하고 있다. 교회를 교회되게 만드는 분은 사역자들이 아니라 예수 그리스도라는 주초석임을 분명히 밝히고 인간적 쟁투와 시기를 그칠 것을 강하게 권고한다(11절).

그런데 뒤따라 나오는 12-15절은 보통 입시철이나 기타 유사한 경우에 경쟁력을 제고 하고자 할 때 한국의 설교자들이 주로 인용하는 구절이다. 금이나 은이나 보석으로 그리스도의 터 위에 집을 짓는 신자와 나무나 풀이나 짚으로 짓는 자를 비교하면서 설교자들은 금은보석으로 인생이라는 건

---

18) 한스-요하힘 크라우스, 『조직신학』, 박재순 역(서울: 한국신학연구소, 1986), 167-168.

축 작업을 할 것을 강조한다. 설교자들은 하나님은 마지막 심판의 날에 각자가 지은 집의 공력을 시험하고 검증하여 상을 줄자에게 상을 주고, 부끄럽게 간신히 구원을 받는 자에게 간신히 구원의 선물을 준다는 식의 결론을 이끌어낸다. 그런데 이 구절 어디에서도 수월성을 입증하기 위하여 경쟁을 부추기는 구절이나 표현은 발견되지 않는다. 심판의 때에도 무너지지 않을 견고한 신앙을 가질 것을 강조할 뿐 다른 사람들과의 승부에서 이길 것을 강조하는 경쟁주의 인생관을 말하지 않는다. 오로지 하나님 앞에서 각자의 신자가 자신의 신앙고백과 신앙생활을 어떤 환난이 와도 무너지지 않을 만큼 신실하게 감당하라는 권면을 하고 있을 뿐이다. 이 구절은 디모데 후서 2:19-22(금그릇, 은그릇, 놋그릇, 나무그릇 비유)이나 마태복음 7:24-27(두 건축자의 비유)과 마찬가지로 수월성을 입증하기 위한 경쟁의 가치를 인정하거나 강조하는 본문이 아니다. 하나님 앞에서 각자 자신의 인생을 소중하게 건설하도록 권고하고 있을 뿐이다.

썩지 아니할 면류관을 위한 달음박질 (고전 9:24-27)

고린도전서 9:24-27도 입시철마다 많이 설교되고 묵상되는 구절이다. 왜냐하면 이 구절은 경쟁의 가치와 이기기 위한 절제를 말하고 있는 것처럼 보이기 때문이다. 하지만 이것 또한 자신과의 경쟁을 말하지, 다른 사람들과의 수월성 경쟁을 정당화하거나 미화하지 않는다. 주석가들은 이 단락이 바울이 당시에 고린도에서 2년마다 한 번씩 열리던 이쓰무스 체육축제를 목격하고 그것에 견주어 자신의 복음사역의 태도를 말하고 있다고 본다. 24절은 아마도 달리기나 마라톤 경기를 말하는 것처럼 보인다. 바울은 여기서 운동장에서 달음질하는 자들이 다 달릴지라도 오직 상을 받는 사람은 한 사람뿐이라고 말한다. 그 다음 구절이 문제다. "너희도 상을 받도록 이와 같이 달음질하라." 이 말은 명백하게 한 사람에게 주어지는 상을 위하여 달음박질하라는 권면이다. 그런데 전체 맥락은 한 사람에게 주어지는 상을 위한 달음박질이라기보다는 이기려는 자의 절제, 그리고 썩을 면류관을 위한 달음박질이 아닌 썩지 아니할 상을 위한 달음박질을 하라는 권면 맥락이다. 25절이 이 점을 분명하게 한다. 바울은 자신이 사도지만 일부러 사도권을 다 받아 누리지 않고 스스로 일함으로써 절제했다고 말한다(고전 9:1-12). 그는 복음역사에 아무런 장애를 만들지 않기 위하여 범사에 참고 스스로 노동하며 선교했다는 것이다(고전 9:14-15). 대신 이제 그가 받을 상은 자신이 복음을 전할 때 값없이 전하고 복음으로 말미암아 생길 수 있는 권리(생활비나 선교비를 당연히 교회에 요구할 수 있는 권리)를 다 쓰지 않았기 때문에 기대되는 하늘의 상이다(고전 9:18). 그는 영원한 면류관(딤후 4:7-8)을 추구하며 달음박질을 한 것이다. 그는 단지 다른 사역자들과의 수월성 경쟁에서의 이김이 아니라 자기가 정한 원칙을 수호하기 위한 절제에서의 승리를 추구한 것이다. 26절에서 바울은 자신의 달음박질이 분명한 목표가 있었으며 자기의 싸움이 정확한 목표물에 적중하도록 주먹을 뻗었다고 말한다. 그러기 위해서 그는 자기 몸을 쳐 복종하게 하였다. 사도직의 권한과 권위를 남용하거나 복음전도자의 상급을 지상에서 다 받고자하는 유혹, 이 지상 인간들의 칭찬과 박수에 놀아나서 복음전도자의 영예를 잃어버리지 않도록 각별히 근신하였던 것이다. 얼마나 많은 복음전도자들이 초심을 잃어버리고 돈과 명예, 권력과 향락의 유혹에 빠져 주님께 버림받았던가?(마 7:20-23) 이 단락은 다른 사람과의 수월성 경쟁을 통한 자기존재의 과시가 아니라 하나님께 받은 사명을 받은 그리스도인이 그 사명을 수행하기 위하여 자신을 엄격하게 절제시키고 단련시키는 것을, 그리하여 썩을 면류관이 아니라 영원한 면류관을 추구하도록 격려한다. 오히려 한국의 대학입시경쟁은 바울의 달음박질에 비하여 썩을 면류관을 위한 달음박질에 불과할 것이다.

수월성을 넘어 그리스도를 아는 지식으로 (빌 3:1-14)

빌립보서는 로마시민권을 자랑하는 빌립보 시민들에게 천국시민권을 한층 더 자랑스러운 시민권으로 제시하고 있다(빌 1:27; 3:21). 1-6절은 바울이 한때 가장 큰 두각을 드러냈던 분야를 망라하고 있다. 1-6절은 빌립보서 전체에서 가장 격렬한 바울의 논쟁언어를 드러낸다. "개", "損할례당"(그냥 살갗만 베어내는 녀석들)이 바울의 논적이다(2절). "개"는 토해낸 것을 다시 먹는 일꾼이요 먹고 마시는 유대교적 율법으로 빌립보교우들을 억압하고 박해하는 유대인 출신 그리스도인들이다. 2절에 의하면 그들은 손할례당으로서 유대인의 종교적 출생적 배경을 자랑하는 자들이다. 아마도 본토에서 파송된 교사들에 의하여 사주된 자들이거나 본토에서 파송되어 바울의 사역을 적대적으로 감시하고 견제하는 사람들일 것이다. 그들은 갈라디아의 유대교주의자들처럼 복음을 믿는 믿음만으로는 부족하고 율법을 지켜야 한다고 주장하는 자들이었을 것이다. 이 개들, 손할례당은 하나님의 자유의 영을 예배하는 기독교신자들에게 토한 것을 다시 먹으라고 강요하는 율법주의자들이었다. 이런 상황에서 바울은 정신없는 자처럼 자신의 세상적 배경과 자랑거리들을 언급하지 않을 수 없다고 말한다(4-6절). 그는 비록 자신의 육체를 신뢰하지 않는다는 전제를 깔긴 하였으나 그는 어쨌든 자랑한다. 당시의 기준으로 볼 때 그의 자랑거리는 한결 같이 중요하고 진지한 자랑거리였다(할례는 초창기 기독교회와 유대교간의 결정적인 분기점). "태어난 지 팔 일 만에 받은 할례," "이스라엘 백성,"(10지파에 속한 정통파 이스라엘), 첫 왕을 배출하고 많은 무사집단을 배출한 "베냐민 지파," 옛날 말로 성경을 읽을 줄 아는 "히브리인 중에 히브리인," 율법준수에 관한 한 가장 엄격한 "바리새인," 율법을 옹호하는 "열심"에 관한 한 특심하여 교회를 박해하던 자요 율법의 의의 기준으로 볼 때 흠이 없던 사람, 이것이 바울의 육체의 자랑거리였다. 바울의 이런 구차해 보이는 육신적 자랑거리는 그의 대적자들에게 좋은 방호벽이 되었을 것이다. 이처럼 바울은 수월성의 경쟁 세계에서 이긴 자였다. 그러나 그 이김이 그리스도를 통해 오는 하나님의 은혜를 받아들이지 못하게 했다. 인간 세상 경쟁에서의 승리가 오히려 하나님의 초월적인 은혜를 불필요하게 만들거나 그것에 저항하게 만드는 자기충족적인 구원감을 가져다 준 것이었다.

그래서 그는 이 모든 자랑거리가, 유익했던 것들이 그리스도를 아는 데 장애가 되었다고 고백한다(7-16절). 그래서 바울은 하나님의 저항할 수 없는 은혜를 받고나서 그런 것들을 배설물로 간주하기로 작정한다. 배설물은 악취와 비린내를 풍기며 역겨움, 혐오, 회피감, 거역감을 불러일으킨다. 바울은 세상적 자랑거리들과 수월성을 통한 성취물들이 상실되고 박탈되어야 그리스도라는 참 보배를 발견할 수 있다는 것을 깨닫는다. 자신이 세상 자랑거리에 둘러싸여 있을 때 그리스도에게 발견되지 못했다고 술회한다. 그래서 그는 "그리스도 예수를 인하여(위하여) 이런 모든 것들의 상실과 손해를 감수하였으며 그리스도를 얻고 그 안에서 발견되고자 하여 그것들을 배설물로 여긴다." "왜냐하면 나의 의는 율법을 준수함으로써 성취되는 의가 아니라 예수 그리스도를 믿음으로 얻는 의, 즉 믿음에 근거한 하나님의 의이기 때문이다"(믿음으로 우리에게 전가된 하나님의 의이기 때문입니다). 더 나아가 바울은 단순히 구원받는 데 만족하지 않고 구원의 깊이를 추구한다. 그에게 구원은 그리스도의 푯대까지 달려가는 장거리 경주로서 피곤하고 지치게 만드는 경주가 아니라, 그리스도의 부활과 그 십자가 고난에 참예함을 알아가는 경주다. 초월적인 힘에 의하여 견인되는 경주다. 여기서 바울은 자신의 다메섹 도상의 붙잡힘 사건을 암시적으로 언급한다(12절).

12. 나는 아직도 받았다거나 완전히 이루었다고 주장하지 않습니다. 다만 나는 아직도 쫓아가고 있습니다. 그러나 만일 내가 무엇을 잡았다면 ($\kappa\alpha\tau\alpha\lambda\alpha\beta\omega$=hold) 그것은 그리스도 예수께 잡힌 바 된[19]만큼(inasmuch

---

19) "잡힌 바"($\kappa\alpha\tau\epsilon\lambda\eta\mu\phi\theta\eta\nu$)라는 표현은 "강력하게 붙잡다"($\kappa\alpha\tau\alpha\lambda\alpha\beta\omega$, take by force)의 부정과거 시제로서 과거에 한 번 일어난 사건을 묘사할 때 사용하는 사상이다(김세윤, 『바울신학의 새 관점』 (서울:두란노, 2002), 360).

as=εφ'ώ) 잡고 있는 것입니다. 형제 여러분 나 자신을 스스로를 무엇인가를 잡았다고(이루었다고) 간주하지 않습니다. 다만 한 가지만을 붙잡고 있습니다. 즉 뒤에 있는 것은 잊어버리고 앞에 있는 것들을 향하여 정진합니다(필자 사역).

여기서 우리는 신적 수동태와 인간적 능동의 변증법적 결합을 본다. 바울의 지치지 않는 선교 및 목회사역의 비밀은 하나님께 먼저 붙들린 바 됨이다. 그 힘으로 그는 하늘의 상을 향하여 매진할 수 있는 것이다.

14. 나는 하나님께서 그리스도 안에서 하늘로부터 부르신 그 부르심의 상을 얻기 위하여 앞으로 정진합니다.

바울은 자신의 어제를 버리고 새로운 목표를 향하여 정진하여 상을 얻기 위하여 전력투구한다. 바울이 자신에게 주어진 길을 다 달려간 후에 받을 상은 의의 면류관이다(딤후 4:7-8). 그리스도인들은 각자 자기에게 주어진 길을 자신의 영역에서 최선을 다하여 달려감으로써 천상의 상급을 기대할 수 있다.

입시경쟁이나 소모적이고 비인간적인 경쟁을 통한 자기성취가 아니라 하나님이 주신 고유한 소명의 길을 달려감으로써 자아실현을 하는 것이다. 바울처럼 그리스도인들은 다른 사람과의 경쟁을 통한 수월성 입증을 위한 매진이 아니라 하늘로부터 부르신 부름의 상을 위하여 정진한다. 바울의 이김은 다른 사람들의 행복의 기회를 빼앗아가는 이김이 아니라, 만민에게 공공의 선을 실현하기 위한 이김이다. 그리스도인들은 수월성 입증을 위한 경쟁이 아니라 하늘의 상급을 향한 자기 진보에 매진하는 존재다. 그리스도인의 경쟁은 만민을 위한 선을 추구하기 위한 자기와의 경쟁이다. 따라서 선한 경쟁이다. 그리스도인이 굳이 경쟁하여야 한다면 그것은 봉사기회를 얻기 위한 경쟁이어야 한다. 성도는 하나님과 이웃을 위한 가용성(availability)을 입증하는 자기와의 경쟁에 몰두하여야 한다. 구토를 일으키는 옛 사람으로 후퇴하는 경쟁이 아니라 그리스도의 고난과 부활의 권능에 참예하는 경쟁에 몰두하여야 한다. 대학입시를 앞둔 크리스천 청소년들은 공부와 성적 때문에 자신의 정체성 형성에 막대한 장애를 겪는다. 점수와 성적이 인간 평가의 중심기준이 되어버린 상황에서 나는 과연 스스로에게 그리고 부모에 대하여, 마침내 하나님에 대해서까지 자신이 가치 있는 존재인지 의심하게 된다. 이런 청소년들에게 이 빌립보 구절은 크리스천 청소년의 자아정체감 확립에 유익을 줄 수 있을 것이다.[20]

5. 소결론_ 그리스도를 본받아 자기를 낮춤으로써 높임받은 삶 (빌 2:1-11)

다툼을 통해 수월적인 존재(높아지려는)가 되려는 모든 원초적인 권력 의지에 대한 가장 심오한 신학적 성경적 비판이 빌립보 2:1-11에서 발견된다. 빌립보서 2:1-11은 허영에서 비롯된 다툼, 다른 사람보다 높아지려는 마음, 인간의 권력의지 등에 대한 성경의 궁극적인 답변이다. 경쟁과 각축의 잠정성과 허무성에 대한 신적 비판이며 그것을 뛰어넘는 대안을 제시한다. 1-5절은 복음에 합당한 삶, 천국시민들의 교회생활상은 일치와 연합임을 말한다. 특히 3절은 이기적인 야심이나 헛된 자만심에 의해서는 어떤 일도 하지 말고 오직 자기보다 남을 낮게 여기라고 말한다. 4절은 성도들은 무릇 모두 자신의 이익들을 돌볼 뿐만 아니라 다른 사람들의 이익을 돌보는 사람이 되어야한다고 권면한다. 5절은 결론적으로 구원받은 성도의 태도는 그리스도

---

20) 이승진, "예수께 붙들린 자," 『그 말씀』(《목회와 신학》 부록, 2007년 9월호), 146-157(특히 147).

의 태도와 같아야 한다고 말한다. 6-11절은 그리스도의 마음 태도를 집약적으로 표현한다. 그의 마음 태도는 죽기까지 하나님의 뜻에 복종하신 그리스도의 절대순종과 겸손이다. 이 절대 낮춤과 순종이 모든 피조물이 그리스도 예수를 주라고 고백하여야 할 근거가 된다.

예수는 "근본 하나님이시나 하나님과 동등됨을 탈취(하르파그몬 =harpagmon=robbery, ουκ αρπαγμον το ειναι ιoα θεω)해야 할 어떤 것으로 여기지 않으시고 자기 자신을 무화(無化)시키시고, 종의 형체를 취하셨는데 사람의 모양으로 나타났다." 여기서 우리는 첫 사람 아담이 하나님과 동등됨을 얻기 위하여 동산 중앙의 선악과 열매를 탈취한 사건을 회상한다.[21] 둘째 아담은 첫째 아담이 걸어간 길을 창조적으로 반전(undo)시키신다. 아담은 불순종과 자기존대와 오만한 시도를 통하여 하나님처럼 되려고 하였으나 예수는 근본 하나님이나 사람의 모양으로 나타났다. 세상이 감당할 수 없는 자기비하요 낙차 큰 자기강하였다. 자신을 낮추시되 죽기까지─ 심지어 십자가에서 죽기까지 하나님께 복종하셨다. 이 극단적 자기비하가 그의 주권과 왕권의 항구적 근거가 된다(행전 2:23-38; 막 10:35-45). 자기를 만물의 찌기같이 비우고 낮춘 그 예수를 하나님께서 최고로 높이셨으며 그에게 모든 이름 위에 뛰어난 이름을 주셨다. 그의 이름은 "주와 그리스도"다. 빌립보 교우들은 그리스도의 주권이 역사하고 작용하는 원리를 알아야 한다. 로마 황제처럼 군사적인 정복자가 무력시위자가 아니라 하나님 앞에 그리고 사람을 섬기기 위하여 절대겸손으로 자기를 비우는 자가 인류를 다스리는 권세를 행사할 수 있다는 것이다. 그리스도는 자기 내어줌(radical availability)을 통해서 다스리신다. 다스린다는 말은 자신의 모범을 통해서 다른 사람들이 자신을 따라 오게 하는 것, 모방과 추종이 일어나게 하는 것이다. 오로지 그리스도 예수만이 우리의 주요 그리스도다. 우리로 하여금 그

---

21) 김회권, 『하나님 나라 신학의 관점으로 읽는 모세오경 1』 (서울: 대한기독교서회, 2005), 55-58.

를 모방하게 만든다. 이것이 그의 이름 권세다. 그의 주권이다. 그의 이름을 부르면 그의 주권적 위력을 맛본다(행전 3장).

그리스도의 주권 고백은 이 어그러지고 패역한 세상에서는 대항문화요 대항공동체를 건설하는 주초다. 특히 로마 황제 가이샤를 주(kyrios)라고 고백하는 빌립보 사람들 한 복판에서 십자가에 달려죽은 예수를 주라고 고백하는 것은 정치적 모반이요 저항이요 체제전복이다. 예수를 주(主)라고 고백하는 것은 거짓 주들의 폐위운동이요 축출이다. 빌립보를 하나님 즉 그리스도의 식민지로 만드는 운동이다. 그래서 빌립보 사람들이 그들의 품격과 자랑으로 로마제국의 신민(subjects=citizens)임을 증명하듯이, 그리스도인들은 그리스도의 주권이 미치는 천국 시민권자다운 품격과 자랑(자부심)을 드러내어야 한다. 11절에는 하나님께 영광돌리는 방법이 암시되어 있다. 하나님 앞에서 자기를 가장 낮춘 이 예수를 주라고 고백하면, 즉 예수님의 가치를 주가치로 숭상하면 하나님께 영광을 돌리는 셈이 될 것이라는 것이다. 천국의 왕과 천국의 시민은 스스로를 낮추고 강하지만 하나님에 의하여 높혀진 인물들이다. 그들의 영향력은 자가 추진 엔진에 의하여 발동되지 않고 하나님의 방법으로 작동된다. 하나님 나라는 주 예수 그리스도의 겸손과 자기비하 위에 구축되어 있으며, 자신을 남보다 더 낮게 여기는 사람들로 구성되어 있다.

그럼 나사렛 예수를 공공연히 주라고 고백하는 궁극적 목적은 무엇인가? 그것은 세상 나라를 아래로부터 붕괴시키고 전복하며 거짓 주들을 역사로부터 퇴출시키고 폐위시키는 데 있다. 예수를 주라고 공공연하게 고백하고 그 고백을 삶으로 뒷받침하는 것이야말로 이 세상 나라를 향한 하나님 나라의 복된 공격이다.[22] 결국 거짓 주들과 왕들이 폐위되고 퇴출되면 하나

---

22) 크라우스, 『조직신학』, 16-23.

님께만 홀로 영광과 존귀를 바칠 수가 있다. 하나님께 바쳐질 영광과 존귀를 가로채는 경쟁주들과 왕들의 완전한 무장해제가 일어난다(골 2:15; 엡 1장과 6장 10-14절; 고전 15:22-28; 벧전 3:18-22). 모든 천상적 존재들과 유성과 항성들(신으로 숭배되는 천체들 및 천사들)의 마성적인 힘은 분쇄된다. 그러나 로마황제 숭배를 강요하는 종교박해관 앞에서 예수를 주라고 고백하는 것은 목숨을 거는 행위였다(롬 10:9; 고전 12:3). 아무도 성령의 내적 강력에 휩싸이지 않고는 예수를 주라고 고백할 수 없다. 그리스도인들은 어쩔 수 없이 잠정적으로 경쟁과 업적지향, 공로주의적 세상에 자기를 높이려는 자들, 권력의지의 생생한 충돌 현장에서 살지만 주 예수 그리스도의 길을 따라가야 한다.

IV. 입시 경쟁에 대한 신학적 입장

종교개혁이 발견한 "오로지 은혜만"으로 구원받는다는 교리는 업적 지향 사회에서 자기 노동과 공로를 통해 구원을 이루려고 하는 경향에 대한 강력한 방부제다. 경쟁력과 노동 가치를 통한 공로 발휘가 구원을 가져온다는 사상에 대한 경고인 것이다.[23] 종교개혁자 루터의 필생의 질문은 "어떻게 나는 은혜로운 하나님을 얻을 수 있을까?"였다. 즉 "어떻게 삶을 살아야 하나님께 충분히 열납될 수 있을까?"라는 질문이 젊은 루터를 괴롭혔다. 특히 루터를 절망으로 몰아갔던 것은, 하나님께 열납됨을 얻을 만큼 자신을 의롭게 만들려는 모든 시도, 곧 하나님도 인정하실 수밖에 없는 영적 공로를 획득하기 위한 시도를 하면 할수록, 그를 하나님으로부터 멀어지게 했다는 사실이었다. 왜냐하면 하나님께서 자신을 받아달라는 조건으로 어떤 선행 공

---

23) 이 단락의 논의는 크리스토프 슈베벨, "종교개혁의 유산―미래를 위한 약속인가?"(2007년 4월 2일 숭실대 한경직 기념강좌 강연원고)에 빚지고 있다.

로를 들이대는 바로 그 시도 자체가 하나님의 참 사랑과는 대립되는 자기애의 표현이 되기 때문이었다.[24]

이런 질문들의 핵심에 바로 하나님의 구원사역과 인간의 공로사역과의 관계에 대한 질문이 놓여 있다. 마침내, 루터는 인간의 행동들도 어찌하든지 하나님의 구원사역들과 협력하여 구원에 참여하고 인간적인 성취를 하나님께서 구원의 요소로 인정한다고 함의하는 모든 중세 가톨릭 교회의 견해에 도전하게 되었다. 루터가 꾸준한 성경 연구, 특히 바울 서신들 연구를 통해 얻은 통찰은 "죄인을 의롭다하심 곧 구원은 오로지 하나님의 은혜 때문"이라는 것이었다. 종교적 인간의 공로 때문이 아니라 십자가에 죽으신 그리스도의 죽음 때문이라는 것이었다. 그래서 하나님의 은혜와 구원 약속은 믿음으로만 받아들여져야 한다는 것이었다. 우리는 죄에 대한 양심의 고통스런 자각을 가지고 어떤 선행으로도 우리가 의롭다하심을 덧입는데 이바지할 수 없으며 그러므로 오로지 하나님의 값없는 은혜를 무조건적으로 믿고 의뢰하고 의존할 수 있을 뿐임을 분명하게 알아야 한다는 것이다.

이렇게 해서 종교개혁의 이른바 배타적인 신조들 오직 은혜만으로(sola gratia), 오직 그리스도만을 통하여(solo Christo), 오직 믿음만으로(sola fide)가 형성되었다. 인간들은 자신의 공로 때문이 아니라 하나님께서 값없이 은혜롭게도 인간적 존엄성을 무조건적인 가치로 선사하셨기 때문에 천부불가양(天賦不可讓)의 위엄을 갖는다. 이러한 종교개혁 신학의 통찰이 실종되는 곳에 인간의 값어치에 대한 다른 판단 기준들이 세력을 떨치게 된다. 그래서 인간들은 그들의 공로에 의하여 혹은 그들의 경제적 가치, 사회의 생산성을 늘리는 데 이바지할 수 있는 그들의 역량이나 사회의 소비활동에 참여할 수 있는 부를 소유할 수 있는 역량에 의하여 규정되기 시작한다. 이럴 경우 인간의 존엄성은 절대적으로(평등하게) 인정되지 않고 차등적으

---

24) 후스토 L. 곤잘레스, 『기독교사상사(III)』, 이형기, 차종순 역(서울: 한국장로교출판사, 1988), 46-48.

로 인정될 것이다. 결과적으로 사회가 제시하는 공로 평가 저울에서 높은 점수를 획득할 수 없거나(시험을 치는 어린 아이들의 경우) 혹은 더 이상 사회의 생산성과 소비활동에 이바지할 수 없는 사람들(장애인, 환자, 가난한 사람, 노인들의 경우)의 인간적 존엄은 쉽게 손상당하게 된다. 어찌 보면 세상의 경쟁과 그것에 의한 수월성 측정은 이런 공로주의 구원사상의 하위교리인 셈이다.

하지만 로마서 1-7장이 잘 보여주듯이 하나님의 율법은 모든 인간적인 "공로" 성취 주장을 단죄하며 그 주장의 무용성(無用性)을 폭로한다.[25] 아무도 하나님의 구원을 마땅히 요구할 만큼 율법적인 의를 성취할 수 없기에 자기공로나 노동 가치로는 결코 하나님의 선물인 구원을 확보할 수가 없다. 이 "오로지 은혜로만"이라는 종교개혁의 모토(motto)는 인간의 값어치가 경쟁의 승리나 수월성 입증, 생산성 과시 등이 아니라 하나님의 일방적이고 값없는 사랑의 대상에 의해 결정되었다는 사실에서 확보된다는 점을 명명백백하게 밝힌 것이다. 이것은 그리스도인들에게 교육의 본질이 무엇이어야 하겠느냐는 질문을 불러일으킨다. 인간은 타인과의 경쟁에서 자신의 재능을 발견하거나 수월성을 획득하는 존재가 아니라(자아실현을 하는 존재가 아니라) 자신의 가장 깊은 곳에서 확신하게 된 진리들에 의해 방향 지워지는 존재라는 사실을 일깨워준다. 그렇다면 교육과정은 지식의 습득 과정, 즉 사실들에 대한 지식, 규칙들에 대한 지식과 세계에 질서를 부여하는 정신적인 역량들인 개념들에 대한 지식을 습득하는 과정만이 아니다. 이런 사실적이고 객관적인 정보주입적 기술연마적 교육에서의 수월성 추구가 교육의 본령이 되어서는 안 된다는 것이다. 교육이 우리가 확신하게 된 진리들에 의한 마음의 근본적 변화를 통해서 인격을 형성하는 것에 관한 것이라면 기독교 교육은 하나님의 진리에 의한 인격 품격 형성에 초점을 두어야 한다. 기

---

25) 곤잘레스, 『기독교사상사(III)』, 66.

독교적 교육에서는 모든 교육과정은 지식 습득 이상이며, 그리스도적 품성의 모방이다. 교육은 궁극적으로, 독일어가 '마음의 형성(Herzenbildung)'이라고 부르는 "마음의 근본적 변화"를 촉진하는 활동이다. 교육은 우리의 인지능력과 비인지능력을 연관시키는 통합적인 형성과정인 것이다. 교육심리학자들은 최근에 와서야, 감정들, 우리의 정서들이 교육에 있어서 중심적인 기능을 한다는 것을 발견하였다. 우리의 배움의 과정에서 정서들과 감정들이 참여할 때 우리는 더 잘 그리고 더 빨리 배운다. 감정들이란 결코 맹목적이거나 멍청하지 않다. 오히려 반대로 그것들은 진리를 자기 것으로 만드는 기관이다. 우리가 아는 모든 것이 내면화되어야만 우리는 우리가 확신하게 된 지식을 적용할 수 있다. 따라서 두려움, 경쟁심, 계량화된 점수로 인간의 다양한 자질과 능력을 과소평가하거나 단순하게 서열화하는 한국의 공교육은 마음과 인격의 변화에는 전혀 무기력할 수밖에 없는 가장 비교육적인 교육이라고 할 수 있다.

획일화된 기준으로 이뤄지는 피상적인 평가와 시험, 그리고 수월성 제고를 위한다는 명분으로 강요되는 혹독한 경쟁분위기는 개인의 다양성과 복합적인 자질과 재능을 매장시키거나 방치하고 사회적 유대와 인간적 연대성, 우정, 공동체적인 소속감을 박탈해 버린다. 그리하여 경쟁력이나 생산성이 우상시되고 인간들은 생산성, 경쟁력을 제고시키는 노동력으로 소외되고 만다. 수월성 경쟁이나 생산성 제고 경쟁에서 이긴 자에게 모든 보상을 다 돌리는 무한 경쟁주의적 이념은 노동을 통한 구원, 즉 행위/공로 구원사상, 즉 종교개혁 신학이 극복하려는 사상에로의 퇴행인 것이다.[26]

---

26) 얀 밀리치 로흐만, "업적지향 사회에 있어서 의인론," 「살아있는 유산」, 김원배, 정미현 역(서울: 기독교장로회 신학연구소, 1997), 11-28(특히 22-25).

V. 결론

이런 점에서 대학입시에 성공하기 위한 모든 학교의 상황에서 자유롭지 못한 기독교회와 기독교학교는 이제 기로에 서 있다. 세상에서 말하는 소위 경쟁을 통한 수월성 추구를 목적으로 삼는 교육의 흐름을 따라갈 것인가? 아니면 그것을 초극하는 기독교적 품성 교육에 대한 확신을 회복할 것인가? 여기서 기독교회와 기독교학교는 수월성 경쟁에서의 승리가 구원을 가져다주지 않는다는 점을 확신하여야 하며 비인간적 경쟁이 아닌 다른 방식의 수월성 추구 방안을 찾아야 할 것이다. 수월성 입증은 출세와 좋은 직장 쟁취라는 구원의 통로가 아니라 봉사의 기회와 책임감을 부여하는 과정이다. 하나님께서는 다섯 달란트를 받은 사람에게는 다섯 달란트를 남겨주기를 기대하신다. 큰 자가 되고 이기는 자는 경쟁과 각축을 신비화시키고 미화시키는 자가 아니라 인간화시켜야 한다. 경쟁의 성과를 만민에게 돌리는 자, 즉 이긴 자가 진 자가 된 것처럼 행동할 때 경쟁의 악마적 폐해는 완화될 것이다. 이렇게 된다면 경쟁에서 이긴 자는 진 자를 위해 봉사할 기회를 더 얻는 셈이 될 것이다. 경쟁을 통한 수월성 과시가 행복과 재화 용역의 독점을 보장하는 면허장이 되어서는 안 된다. 경쟁에서 이긴 자는 보다 더 엄숙하고 영광스러운 그러나 더 무거운 책임이 부여된 봉사와 섬김의 직분을 부여받는 것임을 기억하여야 할 것이다. 그럼 어떻게 경쟁 및 서열화 프로그램을 통한 수월성 제고가 아닌 다른 방법의 수월성 추구, 학생들의 개성 및 다양한 재능 개발이 가능할까?

이 시점에서 공교육 체제로부터 어느 정도 자유로운 기독교 대안 학교 운동이 대안으로 떠오를 수 있을지 모른다. 그러나 기독교 대안학교 운동은 기독교적 대안사회에 대한 포괄적인 전망 안에서 설계되고 운영되어야 열매를 맺을 수 있을 것이다. 이것은 무엇을 의미하는가? 기독교 대안 초등학교를 졸업한 학생들이 진학할 대안 중고등학교가 있어야하면, 그들이 진학할 대안 대학교가 있어야 하며 그들이 일할 수 있는 영역, 대안직업군과 그들이 속할, 대안, 대조공동체가 있어야 한다는 말이다. 기독교회와 기독교학교는 문화적 다원주의 시대에 개방적이면서도 대화적인 존재 즉 탈인습적인 대화적 자아정체성을 가진 기독교인을 육성하여 기독교적 가치를 이 땅의 삶과 문화에 구현하도록 격려하여야 한다. 기독교회와 기독교학교는 거룩한 공동체로서의 정체성과 이 세상과의 개방적인 관계를 확보함으로써 교육을 통해 선한 영향력을 침투시킬 준비를 갖추어야 할 것이다.[27] 타인과의 경쟁을 통한 수월성의 과시가 아니라 어떤 조건 속에서 흔들리지 않는 자존감과 자아정체성으로 인류의 공공선을 위하여 이바지할 수 있는 크리스천 정체성과 품성 연마가 더 우선적인 교육과제가 되어야 하지 않을까? 어떤 불행과 역경도 잘 견디어 낼 수 있는 기독교적 품성 개발은 기독교교육이 또 다시 숙고해야 할 우선적 과제임이 틀림없다.[28] 무조건 최고 점수를 받아야만 행복할 수 있는 사람이 아니라, 오히려 높은 데 처할 줄도 알고 낮은 데 처할 줄도 아는 사람(비교. 빌 4:12), 조건과 환경을 초극하여 기독교적 교양과 사랑으로 무장되어 하나님 사랑과 이웃 사랑에 투신할 준비가 된 사람, 그가 우리의 교육이 길러낼 인재여야 할 것이다.

27) 김현숙, 『탈인습성과 기독교교육』, (서울: 대한기독교서회, 2004), 235-232.
28) 참조. J. J. 루소, 『에밀』, 정봉구 역 (서울: 범우, 2006), 42. "우리들 가운데서 인생의 행불행을 가장 잘 견뎌낼 줄 아는 사람이 가장 훌륭하게 교육받은 사람이다."

한국교회에서의
입시 이해

김창환 박사

연세대학교 영문학과 (문학사)
연세대학교 대학원 교육학과 (교육학 석사)
독일 튀빙겐 대학 교육학과 박사과정
박사학위 취득 (교육학 박사)
미국 미시건 주립대학교 Visiting Scholar
현 교육철학회 편집위원
현 한독교육학회 부회장
현 통일부 통일교육분과 정책자문위원
현 한국교육개발원 교육통계평가연구본부 본부장

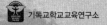 기독교학교교육연구소

한국 교회에서의 입시 이해

김창환 박사 | 한국교육개발원 선임연구위원

I. 연구의 목적

대학입시제도는 한국 교육의 최대 현안이고 국민적 관심사이다. 입시제도는 한국의 학교교육뿐 아니라, 가정교육과 사교육에도 큰 영향을 미치고 있다.

입시제도는 또한 교인들과 교인들의 가정교육에 영향을 미치고 있다. 교회에 출석하는 학생들은 직접적인 당사자이고, 취학자녀를 둔 모든 성인 교인들이 입시제도와 관련을 맺고 있고 영향을 받고 있다. 이렇게 입시제도는 교회 교인들의 가정과 가정교육에 심대한 영향을 미치고 있다.

입시제도가 한국 교회 교인들의 핵심 관심사이기 때문에 교회와 교회교육 역시 입시제도에서 자유로울 수 없다. 많은 교회에서 입시 준비를 위한 직·간접적인 노력을 기울이고 있고, 교회교육 역시 입시제도에 영향을 받고 있다.

문제는 입시제도가 교회와 교회교육, 교인들의 가정교육에 긍정적인 영향을 미치기보다는 부정적인 영향을 미친다는 점이다. 학생들의 가치관 및 신앙생활, 성인 교인들의 가치관 형성에서 기독교적인 가치관보다는 세속적인 가치관이 지배하게 하는 주요 요인이 되고 있다. 따라서 입시제도 문제

한국 교회에서의 입시 이해 99

를 적극적으로 문제 삼고 대안을 마련하는 것이 교회의 시급한 과제로 대두되고 있다.

본 연구는 입시제도가 한국 교인에게 미치는 실태를 분석하고 한국 교인들의 입시에 대한 가치관을 분석하는 것을 목적으로 하고 있다. 특별히 일반인들과 비교하여 교육 가치관 면에서 어떤 특성을 지니고 있는지 분석하도록 하겠다. 본 연구의 결과는 기독교적 입시 이해의 대안을 마련하는데 기초 자료로 활용될 것으로 기대된다.

II. 연구내용

입시제도가 한국 교회 교인들에게 미치는 실태를 분석하고 한국 교인들의 입시에 대한 이해를 살펴보기 위하여 본 연구에서는 다음과 같은 내용을 분석하고자 한다.

첫째, 한국 교회 교인들이 학교교육에 대하여 어떻게 생각하는 지 살펴보고자 한다. 일반 한국 학부모와 비교하여 어떤 특성을 지니고 있는 지 분석하고자 한다.

둘째, 한국 교회 교인들의 교육적 가치관을 살펴보고자 한다. 역시 일반 한국 학부모와 비교하여 어떤 특성을 지니고 있는지 분석하고자 한다.

셋째, 한국 교회 교인들의 신앙교육 실태를 살펴보고자 한다.

넷째, 한국 교회 교인들의 기독교적 가치관을 살펴보고자 한다. 특별히 교육 및 입시제도와 관련하여 교인들이 생각하고 있는 바를 분석하고자 한다.

III. 연구방법

한국 교회 교인들의 교육적 가치관, 대학입시에 대한 인식, 기독교적 가치관을 살펴보기 위하여 설문조사를 실시하였다.

1. 조사내용

설문지는 크게 세 부분으로 구성되어 있다. ① 학교교육에 관한 사항, ② 자녀교육에 관한 사항, ③ 교회 및 교회교육에 관한 사항으로서, 세부 영역과 문항 내용은 〈표 1〉에 제시된 바와 같다.

〈표 1〉 설문 조사 내용

영역	문 항 내 용
학교 교육에 관한 사항	1) 우리나라 학교교육에 대한 평가 2) 우리나라 학교 교사들에 대한 평가 3) 한국 교육 현실에 대한 인식 4) 사교육의 변화에 대한 생각 5) 한국교육의 개선을 위하여 우선적으로 바뀌어야 할 사항
자녀 교육에 관한 사항	6) 자녀교육의 목적 7) 한국사회에서 성공·출세하는 데에 미치는 요인 8) 자녀의 희망 교육 수준 9) 자녀의 진로 결정 주체 10) 자녀의 과외학습 여부 11) 월 평균 과외비
교회 및 교회 교육에 관한 사항	12) 자녀의 교회학교 출석 여부 13) 교회학교에 대한 만족도 14) 교회학교에서 강조하여야 할 내용 15) 가정예배 여부 16) 자녀와의 신앙적인 대화 시간 17) 교회가 한국교육의 변화에 기여할 수 있는지에 대한 생각 18) 한국교육의 변화를 위한 교회의 과제 19) 교회에서의 입시준비 20) 교회가 입시 위주의 교육풍토에 영향을 미칠 수 있는지에 대한 생각

2. 조사방법

가. 조사대상 및 표집방법

본 연구의 조사대상은 교회에 출석하고 있는 성인 총 814명이다. 표집은 지역 규모를 고려하여 교회를 선정하였고, 교회 성인 교인들을 대상으로 설문조사를 실시하였다.

성별로 살펴보면, 남자 교인이 250명으로 31%, 여자 교인이 557명으로 69%를 차지하고 있다.

학력별로 살펴보면, 중졸 이하 42명(5.35%), 고졸이 234명(29.3%), 대졸이 283명(35.4%), 대학원 이상이 101명(12.6%)을 차지하였다.

거주 지역을 살펴보면, 서울/광역시가 453명(56.4%), 수도권 신도시가 201명(25.0%), 중소도시가 96명(12.0%), 읍면지역이 53명(6.6%)을 차지하였다.

연령별로 살펴보면, 29세 이하가 51명(6.3%), 30-39세가 220명(27.3%), 40-49세가 333명(41.4%), 50-59세가 186명(23.1%), 60세 이상이 15명(1.9%)을 차지하였다.

월평균소득을 살펴보면, 200만원 미만이 134명(17.0%), 200-299만원이 200명(25.4%), 300-399만원이 163명(20.7%), 400-499만원이 125명(15.9%), 500만원 이상이 164명(20.9%)을 차지하였다.

취학자녀 유무별로 살펴보면, 666명(82.5%)이 취학 자녀가 있다고 응답하였고, 141명(17.5%)이 취학자녀가 없다고 대답하였다. 응답자의 배경변인별 분포는 다음과 같다.

⟨표 2⟩ 응답자의 배경 변인별 분포

변인	설명	빈도수	백분율(유효%)
성별	남자	250	31.0
	여자	557	69.0
	합계	807	100.0
	결측값	7	
학력	중학교 졸업 이하	42	5.3
	고등학교 졸업	234	29.3
	전문대졸, 대학중퇴/재학	140	17.5
	대학교 졸업	283	35.4
	대학원 이상	101	12.6
	합계	800	100.0
	결측값	14	
거주 지역	서울/광역시	453	56.4
	수도권 신도시	201	25.0
	시지역	96	12.0
	읍면지역	53	6.6
	합계	803	100.0
	결측값	11	
연령	29세 이하	51	6.3
	30세~39세 이하	220	27.3
	40세~49세 이하	333	41.4
	50세~59세 이하	186	23.
	60세 이상	15	1.9
	합계	805	100.0
	결측값	9	
월평균소득	200만 원 미만	134	17.0
	200-299만 원	200	25.4
	300-399만 원	163	20.7
	400-499만 원	125	15.9
	500만 원 이상	164	20.9
	합계	786	100.0
	결측값	28	
취학자녀유무	있다	666	82.5
	없다	141	17.5
	합계	807	100.0
	결측값	7	
계		814	

나. 조사방법 및 기간

자료 수집을 위하여 구조화된 설문지를 개발하여 활용하였으며, 교회를 방문하여 설문조사 방식으로 이루어졌다. 조사기간은 2007년 8월 5일부터 9월 2일까지 5주 동안 이루어졌다.

다. 분석방법

설문조사를 통해 수집된 자료는 SPSS 12.0을 사용하여 다음과 같은 분석절차를 거쳤다.

첫째, 배경변인별 응답자 분포를 알기 위해 기술통계를 사용하였다.

둘째, 각 문항의 배경변인별 차이를 살펴보기 위하여 교차분석과 검증을 실시하였다.

IV. 연구결과

1. 교인들의 학교교육에 대한 이해

1) 우리나라 학교교육에 대한 평가

교인들이 학교교육에 대해서 어떻게 이해하고 있는지를 살펴보기 위하여 우리나라 학교교육에 대하여 수·우·미·양·가 5점 척도로 평가하도록 했다. 그 결과 '미'라고 평가한 교인이 25.2%로 가장 많았으며, '양'이 25.2%, '우'가 21.5%였으며, '가' 8.1%, '수' 5.1%의 순으로 평가하였다. 잘 모르겠다는 응답은 4.1%였다. 대체적으로 한국 교인들은 우리나라 초·중·고등 학교교육에 대하여 보통 이하로 평가하고 있다는 점을 확인할 수 있다.

특별히 초·중·고등학교에 자녀를 둔 30대와 40대 학부모들의 경우에 더욱 부정적으로 평가하는 것으로 나타났고, 교육수준과 소득이 높을수록

학교교육에 대하여 부정적으로 평가하고 있는 것으로 나타났다.

〈표 3〉 한국 초·중·고등학교에 대한 평가

구분	수	우	미	양	가	잘 모름	합 계	결측치
빈도(명)	40	170	284	199	64	32	789	25
비율(%)	5.1	21.5	36.0	25.2	8.1	4.1	100.0	

[그림 1] 한국 초·중·고등학교에 대한 평가

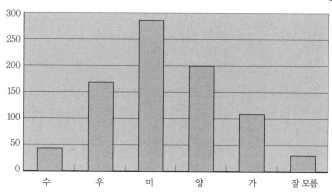

한국교육개발원 자료(표 4)와 비교하여 볼 때, 우리나라 학교교육에 대한 한국 교인들의 평가는 일반 학부모들의 평가와 유사한 것으로 나타났다.

〈표 4〉 학교 교육에 대한 일반 학부모의 평가

단위: % (사례수)

	전체	초·중·고 학부모	기타 학부모
수	2.7(32)	3.8(16)	2.5(6)
우	20.9(251)	25.8(109)	16.4(39)
미	48.3(580)	41.9(177)	48.3(115)
양	22.2(266)	21.1(89)	24.8(59)
가	5.0(60)	7.1(30)	5.9(14)
잘 모름	0.9(11)	0.2(1)	2.1(5)
계	100.0(1200)	100.0(422)	100.0(238)

* 출처 : 한국교육개발원 자료

〈표 5〉 한국 초·중·고등학교에 대한 평가

배경변인	정도	수	우	미	양	가	잘 모름	계	x^2 (p)
성별	남자	10 4.1%	44 17.9%	97 39.4%	55 22.4%	30 12.2%	10 4.1%	246 100.0%	12.324 (.031)
	여자	30 5.5%	124 22.9%	187 34.6%	144 26.6%	34 6.3%	22 4.1%	541 100.0%	
	계	40 5.1%	168 21.3%	284 36.1%	199 25.3%	64 8.1%	32 4.1%	787 100.0%	
연령	29세 이하	1 2.0%	4 7.8%	16 31.4%	23 45.1%	3 5.9%	4 7.8%	51 100.0%	57.910 (.000)
	30세~39세 이하	15 6.8%	42 19.1%	89 40.5%	54 24.5%	11 5.0%	9 4.1%	220 100.0%	
	40세~49세 이하	14 4.2%	77 23.3%	112 33.9%	86 26.1%	38 11.5%	3 0.9%	330 100.0%	
	50세~59세 이하	8 4.6%	44 25.3%	62 35.6%	34 19.5%	10 5.7%	16 9.2%	174 100.0%	
	60세 이상	2 16.7%	1 8.3%	5 41.7%	2 16.7%	2 16.7%	0 0%	12 100.0%	
	계	40 5.1%	168 21.3%	284 36.1%	199 25.3%	64 8.1%	32 4.1%	787 100.0%	
교육 수준	중학교 졸업 이하	3 7.7%	10 25.6%	11 28.2%	10 25.6%	0 .0%	5 12.8%	39 100.0%	35.038 (.020)
	고등학교 졸업	16 7.0%	60 26.4%	73 32.2%	53 23.3%	14 6.2%	11 4.8%	227 100.0%	
	전문대졸업 대학 중퇴/ 재학	7 5.1%	31 22.6%	46 33.6%	40 29.2%	10 7.3%	3 2.2%	137 100.0%	
	대학교 졸업	9 3.2%	55 19.6%	104 37.1%	73 26.1%	29 10.4%	10 3.6%	280 100.0%	

	대학원 이상	4	12	48	23	9	3	99	
		4.0%	12.1%	48.5%	23.2%	9.1%	3.0%	100.0%	
	계	39	168	282	199	62	32	782	
		5.0%	21.5%	36.1%	25.4%	7.9%	4.1%	100.0%	
거주지역	서울/광역시	25	90	144	123	32	24	438	31.084 (.009)
		5.7%	20.5%	32.9%	28.1%	7.3%	5.5%	100.0%	
	수도권신도시	9	40	76	52	16	5	198	
		4.5%	20.2%	38.4%	26.3%	8.1%	2.5%	100.0%	
	중소도시	2	19	40	18	15	2	96	
		2.1%	19.8%	41.7%	18.8%	15.6%	2.1%	100.0%	
	읍면지역	4	17	24	6	1	1	53	
		7.5%	32.1%	45.3%	11.3%	1.9%	1.9%	100.0%	
	계	40	166	284	199	64	32	785	
		5.1%	21.1%	36.2%	25.4%	8.2%	4.1%	100.0%	
한달평균소득	200만원 미만	8	31	46	25	9	7	126	45.667 (.065)
		6.3%	24.6%	36.5%	19.8%	7.1%	5.6%	100.0%	
	200–299만원	9	40	68	60	11	11	199	
		4.5%	20.1%	34.2%	30.2%	5.5%	5.5%	100.0%	
	300–399만원	8	21	73	47	5	7	161	
		5.0%	13.0%	45.3%	29.2%	3.1%	4.3%	100.0%	
	400–499만원	8	28	41	25	20	3	125	
		6.4%	22.4%	32.8%	20.0%	16.0%	2.4%	100.0%	
	500만원 이상	7	45	48	38	19	3	160	
		5.2%	21.4%	35.8%	25.3%	11.9%	1.9%	100.0%	
	계	40	165	276	195	64	31	771	
		5.2%	21.4%	35.8%	25.3%	8.3%	4.0%	100.0%	
취학자녀유무	있다	30	147	239	163	53	21	653	10.404 (.065)
		4.6%	22.5%	36.6%	25.0%	8.1%	3.2%	100.0%	
	없다	10	23	45	36	11	11	136	
		7.4%	16.9%	33.1%	26.5%	8.1%	8.1%	100.0%	
	계	40	170	284	199	64	32	789	
		5.1%	21.5%	36.0%	25.2%	8.1%	4.1%	100.0%	

2) 우리나라 학교교사들에 대한 평가

우리나라 학교교사에 대한 평가에서는 보통이 44.7%로 가장 많았으며, 대체로 못함이 29.4%로 두 번째로 많았다. 대체로 잘함(14.4%), 매우 못함(6.9%), 매우 잘함(1.4%), 잘 모르겠음(3.1%)순으로 나타났다. 한국 교회 교인들은 학교 교사에 대하여 보통 이하로 평가하고 있는 것을 확인할 수 있다.

특별히 중·고등학교 자녀를 둔 40대의 학부모 교인들이 다른 연령대보다 학교 교사에 대하여 부정적으로 평가하고 있는 것으로 나타났다.

<표 6> 학교 교사 역할 수행도에 대한 평가

구 분	매우 잘함	대체로 잘함	보통이다	대체로 못함	매우 못함	잘 모름	합 계	결측치
빈도(명)	11	115	356	234	55	25	796	18
비율(%)	1.4	14.4	44.7	29.4	6.9	3.1	100.0	

[그림 2] 학교 교사 역할 수행도에 대한 평가

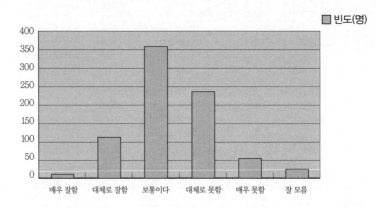

한국교육개발원 자료(표 7)와 비교하여 볼 때, 우리나라 학교 교사에 대하여 한국 교인들은 일반 학부모들에 비하여 조금 더 부정적으로 평가하는 것으로 나타났다.

<표 7> 초·중·고등학교의 교사들의 역할 수행

단위: %(사례수)

	전체	초·중·고 학부모	기타 학부모
매우 잘함	1.2(14)	1.7(7)	1.3(3)
어느 정도 잘함	19.8(237)	20.6(87)	14.3(34)
보통	47.3(568)	45.3(191)	49.2(117)
별로 못함	26.8(321)	27.3(115)	28.6(68)
전혀 못함	4.3(52)	5.0(21)	6.3(15)
전혀 아는 바가 없다	0.7(8)	0.2(1)	0.4(1)
계	100.0(1200)	100.0(422)	100.0(238)

* 출처 : 한국교육개발원 자료

〈표 8〉 학교 교사 역할 수행도에 대한 평가

배경변인	정도	매우 잘함	대체로 잘함	보통	별로 못함	전혀 못함	잘 모름	계	x^2 (p)
성별	남자	6	37	101	73	23	8	248	7.070
		2.4%	14.9%	40.7%	29.4%	9.3%	3.2%	100.0%	(.215)
	여자	5	78	255	159	32	17	546	
		0.9%	14.3%	46.7%	29.1%	5.9%	3.1%	100.0%	
	계	11	115	356	232	55	25	794	
		1.4%	14.5%	44.8%	29.2%	6.9%	3.1%	100.0%	
연령	29세 이하	0	6	25	18	2	0	51	67.960
		0%	11.8%	49.0%	35.3%	3.9%	0%	100.0%	(.000)
	30세~39세 이하	3	37	104	52	15	6	217	
		1.4%	17.1%	47.9%	24.0%	6.9%	2.8%	100.0%	
	40세~49세 이하	2	37	150	113	28	3	333	
		0.6%	11.1%	45.0%	33.9%	8.4%	0.9%	100.0%	
	50세~59세 이하	6	34	73	45	8	12	178	
		3.4%	19.1%	41.0%	25.3%	4.5%	6.7%	100.0%	
	60세 이상	0	1	4	4	2	4	15	
		0%	6.7%	26.7%	26.7%	13.3%	26.7%	100.0%	
	계	11	115	356	232	55	25	794	
		1.4%	14.5%	44.8%	29.2%	6.9%	3.1%	100.0%	
교육 수준	중학교졸업 이하	1	5	17	14	3	2	42	29.065
		2.4%	11.9%	40.5%	33.3%	7.1%	4.8%	100.0%	(.086)
	고등학교 졸업	1	40	102	64	13	10	230	
		0.4%	17.4%	44.3%	27.8%	5.7%	4.3%	100.0%	
	전문대 졸업 대학 중퇴/ 재학	0	23	59	39	13	3	137	
		0%	16.8%	43.1%	28.5%	9.5%	2.2%	100.0%	
	대학교 졸업	3	35	126	87	21	7	279	
		1.1%	12.5%	45.2%	31.2%	7.5%	2.5%	100.0%	
	대학원 이상	6	12	50	25	5	3	101	
		5.9%	11.9%	49.5%	24.8%	5.0%	3.0%	100.0%	
	계	11	115	354	229	55	25	789	
		1.4%	14.6%	44.9%	29.0%	7.0%	3.2%	100.0%	
거주 지역	서울/광 역시	8	67	209	111	36	15	446	22.177
		1.8%	15.0%	46.9%	24.9%	8.1%	3.4%	100.0%	(.103)
	수도권 신도시	2	21	85	71	11	7	197	
		1.0%	10.7%	43.1%	36.0%	5.6%	3.6%	100.0%	
	중소도시	1	15	38	36	6	0	96	
		1.0%	15.6%	39.6%	37.5%	6.3%	0%	100.0%	
	읍면지역	0	12	22	14	2	3	53	
		0%	22.6%	41.5%	26.4%	3.8%	5.7%	100.0%	
	계	11	115	354	232	55	25	792	
		1.4%	14.5%	44.7%	29.3%	6.9%	3.2%	100.0%	
	200만원 미만	1	20	57	38	9	6	131	25.199
		0.8%	15.3%	43.5%	29.0%	6.9%	4.6%	100.0%	(.194)

한달 평균 소득	200~299 만원	2 1.0%	30 15.2%	88 44.4%	64 32.3%	8 4.0%	6 3.0%	198 100.0%	25.199 (.194)
	300~399 만원	1 0.6%	24 15.1%	74 46.5%	52 32.7%	5 3.1%	3 1.9%	159 100.0%	
	400~499 만원	2 1.6%	22 17.6%	54 43.2%	29 23.2%	15 12.0%	3 2.4%	125 100.0%	
	500만 원 이상	4 2.5%	17 10.5%	70 43.2%	46 28.4%	18 11.1%	7 4.3%	162 100.0%	
계		10 1.3%	113 14.6%	343 44.3%	229 29.5%	55 7.1%	25 3.2%	775 100.0%	
취학 자녀 유무	있다	4 0.6%	95 14.5%	302 46.1%	197 30.1%	46 7.0%	11 1.7%	655 100.0%	43.297 (.000)
	없다	7 5.0%	20 14.2%	54 38.3%	37 26.2%	9 6.4%	14 9.9%	141 100.0%	
계		11 1.4%	115 14.4%	356 44.7%	234 29.4%	55 6.9%	25 3.1%	796 100.0%	

3) 한국 교육현실에 대한 인식

한국 교육의 현실을 어떻게 인식하는지 알아보기 위한 질문에 대하여 '희망인 동시에 고통이다'라고 응답한 교인이 전체의 50.4%로 가장 많았으며, '고통이다'라고 응답한 교인이 37.9%로 두 번째로 많았다. 고통도 아니고 희망도 아니라는 응답이 8.5%였으며, 희망이고 기쁨이라는 응답은 3.2%에 불과하였다. 많은 한국 교인들이 한국 교육에 대하여 고통으로 느끼고 있는 것으로 확인되었고, 동시에 희망도 갖고 있는 것으로 나타났다.

교육을 고통으로 느끼는 비율은 취학자녀가 있는 학부모와 더불어 특별히 초·중·고등학교에 자녀를 둔 30대와 40대 학부모들에게서 높은 것으로 나타났다.

<표 9> 교육 현실에 대한 생각

구 분	희망이요 기쁨이다	고통이다	희망인 동시에 고통이다	둘 다 아니다	합 계	결측치
빈도(명)	25	299	398	67	789	25
비율(%)	3.2	37.9	50.4	8.5	100.0	

[그림 3] 교육 현실에 대한 생각

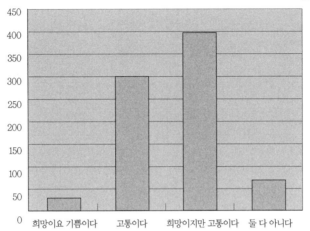

〈표 10〉 한국 교육 현실에 대한 생각

배경변인	정도	희망이요 기쁨이다	고통이다	희망이지만 고통이다	둘 다 아니다	계	x^2 (p)
성별	남자	8	92	116	26	242	2.548
		3.3%	38.0%	47.9%	10.7%	100.0%	(.467)
	여자	17	205	282	41	545	
		3.1%	37.6%	51.7%	7.5%	100.0%	
	계	25	297	398	67	787	
		3.2%	37.7%	50.6%	8.5%	100.0%	
연령	29세 이하	1	13	24	7	45	
		2.2%	28.9%	53.3%	15.6%	100.0%	
	30세~39세 이하	8	79	123	10	220	
		3.6%	35.9%	55.9%	4.5%	100.0%	
	40세~49세 이하	4	147	156	22	329	39.847
		1.2%	44.7%	47.4%	6.7%	100.0%	(.000)
	50세~59세 이하	12	51	89	26	178	
		6.7%	28.7%	50.0%	14.6%	100.0%	
	60세 이상	0	7	6	2	15	
		0%	46.7%	40.0%	13.3%	100.0%	
	계	25	297	398	67	787	
		3.2%	37.7%	50.6%	8.5%	100.0%	

교육수준						계	
교육수준	중학교 졸업 이하	1	12	22	7	42	26.810 (.008)
		2.4%	28.6%	52.4%	16.7%	100.0%	
	고등학교 졸업	3	94	114	19	230	
		1.3%	40.9%	49.6%	8.3%	100.0%	
	전문대 졸업 대학 중퇴/재학	5	48	74	7	134	
		3.7%	35.8%	55.2%	5.2%	100.0%	
	대학교 졸업	7	112	131	28	278	
		2.5%	40.3%	47.1%	10.1%	100.0%	
	대학원 이상	9	28	55	6	98	
		9.2%	28.6%	56.1%	6.1%	100.0%	
계		25	294	396	67	782	
		3.2%	37.6%	50.6%	8.6%	100.0%	
거주 지역	서울/광역시	16	162	221	40	439	12.984 (.163)
		3.6%	36.9%	50.3%	9.1%	100.0%	
	수도권 신도시	4	86	94	14	198	
		2.0%	43.4%	47.5%	7.1%	100.0%	
	중소도시	2	37	51	5	95	
		2.1%	38.9%	53.7%	5.3%	100.0%	
	읍면지역	3	12	30	8	53	
		5.7%	22.6%	56.6%	15.1%	100.0%	
계		25	297	396	67	785	
		3.2%	37.8%	50.4%	8.5%	100.0%	
한달 평균 소득	200만 원 미만	5	40	75	11	131	17.513 (.131)
		3.8%	30.5%	57.3%	8.4%	100.0%	
	200-299 만 원	5	77	96	22	200	
		2.5%	38.5%	48.0%	11.0%	100.0%	
	300-399 만 원	5	57	88	9	159	
		3.1%	35.8%	55.3%	5.7%	100.0%	
	400-499 만 원	6	40	65	10	121	
		5.0%	33.1%	53.7%	8.3%	100.0%	
	500만 원 이상	3	77	67	14	161	
		1.9%	47.8%	41.6%	8.7%	100.0%	
계		24	291	391	66	772	
		3.1%	37.7%	50.6%	8.5%	100.0%	
취학 자녀 유무	있다	17	259	330	49	655	11.399 (.010)
		2.6%	39.5%	50.4%	7.5%	100.0%	
	없다	8	40	68	18	134	
		6.0%	29.9%	50.7%	13.4%	100.0%	
계		25	299	398	67	789	
		3.2%	37.9%	50.4%	8.5%	100.0%	

4) 사교육의 변화에 대한 인식

한국 사교육이 어떻게 변할 것인지에 대한 질문에 전체 응답자의 대다수(90.0%)가 현재와 비슷하거나(23.9%), 늘어날 것(66.1%)이라고 전망하였

다. 줄어들 것이라는 응답은 5.7%에 불과하였고 잘 모르겠다는 응답(4.2%)
도 있었다.

〈표 11〉 한국 사교육 전망

구 분	줄어들 것	현재와 비슷	늘어날 것	잘 모르겠음	합 계	결측치
빈도(명)	46	192	530	34	802	12
비율(%)	5.7	23.9	66.1	4.2	100.0	

[그림 4] 한국 사교육 전망

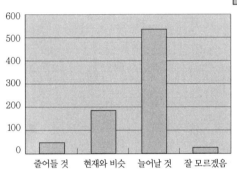

한국교육개발원 자료(표 12)와 비교하여 볼 때, 사교육비 변화에 대한
한국 교인들의 전망은 일반 학부모들의 전망과 유사한 것으로 나타났다.

〈표 12〉 사교육비의 변화 예측

단위: %(사례수)

	전체	초·중·고 학부모	기타 학부모
줄어들 것이다	4.1(49)	4.3(18)	3.4(8)
현재와 비슷할 것이다	27.6(331)	23.2(98)	27.7(66)
늘어날 것이다	67.8(814)	72.5(306)	68.9(164)
잘 모르겠다	0.5(6)	0(0)	0(0)
계	100.0(1200)	100.0(422)	100.0(238)

* 출처 : 한국교육개발원 자료

〈표 13〉 한국 사교육의 전망

배경변인	정도	줄어들 것	현재와 비슷	늘어날 것	잘 모르겠음	계	x^2 (p)
성별	남자	13 5.2%	59 23.8%	167 67.3%	9 3.6%	248 100.0%	.592 (.898)
	여자	33 6.0%	133 24.1%	361 65.4%	25 4.5%	552 100.0%	
	계	46 5.8%	192 24.0%	528 66.0%	34 4.3%	800 100.0%	
연령	29세 이하	2 3.9%	14 27.5%	34 66.7%	1 2.0%	51 100.0%	35.895 (.000)
	30세~39세 이하	11 5.0%	56 25.5%	151 68.6%	2 0.9%	220 100.0%	
	40세~49세 이하	19 5.7%	72 21.7%	228 68.7%	13 3.9%	332 100.0%	
	50세~59세 이하	14 7.7%	46 25.3%	108 59.3%	14 7.7%	182 100.0%	
	60세 이상	0 0%	4 26.7%	7 46.7%	4 26.7%	15 100.0%	
	계	46 5.8%	192 24.0%	528 66.0%	34 4.3%	800 100.0%	
교육 수준	중학교 졸업 미만	5 11.9%	3 7.1%	32 76.2%	2 4.8%	42 100.0%	18.594 (.099)
	고등학교 졸업	12 5.2%	53 22.9%	153 66.2%	13 5.6%	231 100.0%	
	전문대 졸업 대학 중퇴/ 재학	8 5.8%	39 28.3%	89 64.5%	2 1.4%	138 100.0%	
	대학교 졸업	10 3.5%	73 25.8%	188 66.4%	12 4.2%	283 100.0%	
	대학원 이상	9 8.9%	24 23.8%	65 64.4%	3 3.0%	101 100.0%	
	계	44 5.5%	192 24.2%	527 66.3%	32 4.0%	795 100.0%	
거주 지역	서울/광역시	19 4.2%	114 25.4%	291 65.0%	24 5.4%	448 100.0%	8.252 (.509)
	수도권 신도시	16 8.0%	42 20.9%	138 68.7%	5 2.5%	201 100.0%	
	중소도시	6 6.3%	24 25.0%	63 65.6%	3 3.1%	96 100.0%	
	읍면지역	3 5.7%	12 22.6%	36 67.9%	2 3.8%	53 100.0%	
	계	44 5.5%	192 24.1%	528 66.2%	34 4.3%	798 100.0%	

한달 평균 소득	200만 원 미만	10 7.5%	39 29.1%	81 60.4%	4 3.0%	134 100.0%	19.138 (.085)
	200-299 만 원	12 6.0%	42 21.0%	133 66.5%	13 6.5%	200 100.0%	
	300-399 만 원	7 4.4%	31 19.4%	118 73.8%	4 2.5%	160 100.0%	
	400-499 만원	3 2.4%	39 31.2%	80 64.0%	3 2.4%	125 100.0%	
	500만 원 이상	13 8.0%	37 22.8%	104 64.2%	8 4.9%	162 100.0%	
계		45 5.8%	188 24.1%	516 66.1%	32 4.1%	781 100.0%	
취학 자녀 유무	있다	39 5.9%	161 24.4%	439 66.4%	22 3.3%	661 100.0%	7.874 (.049)
	없다	7 5.0%	31 22.0%	91 64.5%	12 8.5%	141 100.0%	
계		46 5.7%	192 23.9%	530 66.1%	34 4.2%	802 100.0%	

5) 한국교육의 개선을 위하여 우선적으로 바뀌어야 할 사항

한국 교육의 개선을 위하여 우선적으로 바뀌어야 할 사항을 묻는 질문에 첫 번째가 교육정책(51.4%)이었으며, 두 번째가 학부모의 가치관(28.9%)이었다. 학교와 교사는 16.2%, 교회와 교인이라고 응답한 교인은 전체의 3.5%였다.

한국 교육 문제는 일차적으로 잘못된 교육정책과 학부모들의 잘못된 교육 가치관으로 인하여 빚어진 문제라는 의식을 갖고 있다는 점을 알 수 있다. 따라서 교회와 교인들의 노력으로 바꾸기에는 한계가 있는 것으로 인식하고 있다는 점도 확인할 수 있다.

〈표 14〉 한국교육 개선을 위해 우선적으로 바뀌어야 할 것

구 분	교육정책	학부모의 가치관	학교와 교사	교회와 교인	합계
빈도(명)	475	267	150	32	924
비율(%)	51.4	28.9	16.2	3.5	100.0

[그림 5] 한국교육 개선을 위해 우선적으로 바뀌어야 할 것

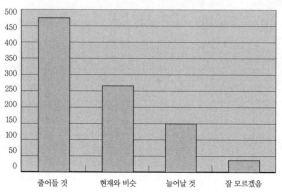

⬛ 빈도(명)

〈표 15〉 한국교육 개선을 위해 우선적으로 바뀌어야 할 것 (중복응답)

배경변인	정도	교육정책	학부모의 가치관	학교와 교사	교회와 교인	합 계
성별	남자	151 52.6%	77 26.8%	48 16.7%	11 3.8%	287 100.0%
	여자	324 50.9%	190 29.8%	102 16.0%	21 3.3%	637 100.0%
	계	475 51.4%	267 28.9%	150 16.2%	32 3.5%	924 100.0%
연령	29세 이하	23 42.6%	19 35.2%	11 20.4%	1 1.9%	54 100.0%
	30세~39세 이하	124 47.7%	73 28.1%	54 20.8%	9 3.5%	260 100.0%
	40세~49세 이하	209 53.9%	104 26.8%	63 16.2%	12 3.1%	388 100.0%
	50세~59세 이하	109 54.0%	65 32.2%	18 8.9%	10 5.0%	202 100.0%
	60세 이상	10 50.0%	6 30.0%	4 20.0%	0 0.0%	20 100.0%
	계	475 51.4%	267 28.9%	150 16.2%	32 3.5%	924 100.0%
교육수준	중학교 졸업 이하	25 48.1%	15 28.8%	7 13.5%	5 9.6%	52 100.0%
	고등학교 졸업	145 53.3%	75 27.6%	44 16.2%	8 2.9%	272 100.0%

교육 수준	전문대 졸업 대학 중퇴/재학	85 50.9%	45 26.9%	33 19.8%	4 2.4%	167 100.0%
	대학교 졸업	153 47.7%	102 31.8%	52 16.2%	14 4.4%	321 100.0%
	대학원 이상	62 57.9%	30 28.0%	14 13.1%	1 0.9%	107 100.0%
	계	470 51.1%	267 29.1%	150 16.3%	32 3.5%	919 100.0%
거주 지역	서울/광역시	257 50.6%	144 28.3%	91 17.9%	16 3.1%	508 100.0%
	수도권 신도시	120 50.2%	73 30.5%	35 14.6%	11 4.6%	239 100.0%
	중소도시	64 57.7%	32 28.8%	13 11.7%	2 1.8%	111 100.0%
	읍면지역	34 53.1%	16 25.0%	11 17.2%	3 4.7%	64 100.0%
	계	475 51.5%	265 28.7%	150 16.3%	32 3.5%	922 100.0%
한달 평균 소득	200만원 미만	64 41.0%	59 37.8%	25 16.0%	8 5.1%	156 100.0%
	200-299만 원	113 52.3%	63 29.2%	35 16.2%	5 2.3%	216 100.0%
	300-399만 원	103 54.2%	45 23.7%	39 20.5%	3 1.6%	190 100.0%
	400-499만 원	79 51.0%	43 27.7%	26 16.8%	7 4.5%	155 100.0%
	500만 원 이상	103 56.0%	50 27.2%	22 12.0%	9 4.9%	184 100.0%
	계	462 51.3%	260 28.9%	147 16.3%	32 3.6%	901 100.0%
취학 자녀 유무	있다	408 53.1%	214 27.9%	125 16.3%	21 2.7%	768 100.0%
	없다	69 43.7%	53 33.5%	25 15.8%	11 7.0%	158 100.0%
	계	477 51.5%	267 28.8%	150 16.2%	32 3.5%	926 100.0%

2. 교인들의 교육적 가치관

1) 자녀교육의 목적

"자녀를 교육시키는 가장 중요한 목적은 무엇입니까?"라는 질문에 신앙인 양성이라고 응답한 교인이 33.3%로 가장 많았으며, 기독전문인 양성이라고 응답한 교인은 22.1%를 차지하였다. 행복한 생활이라는 응답은 16.0%, 덕 있는 사람 양성은 12.3%, 나라발전의 인재양성은 8.2%, 성공과 출세의 기초를 닦음은 8.1%로 나타났다.

남성 교인들이 도덕성, 성공과 출세, 인재양성 등에 어느 정도 비중을 두고 있다면, 여성들은 신앙인 양성, 행복한 삶 등에 더 큰 비중을 두어 남녀 간에 차이가 있는 것으로 나타났다.

〈표 16〉 자녀교육의 목적

구 분	신앙인 양성	기독전문인 양성	행복한 생활	덕있는 사람 양성	나라발전의 인재양성	성공과 출세	합 계
빈도(명)	475	316	228	175	117	116	1427
비율(%)	33.3	22.1	16.0	12.3	8.2	8.1	100.0

[그림 6] 자녀교육의 목적

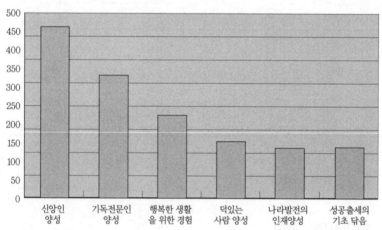

    〈표 17〉에서 확인되는 바와 같이, 자녀를 교육시키는 목적에서 한국 교회 교인들의 가치관은 일반인들과 분명한 차이를 보이고 있다. 일반인들이 '행복한 생활 영위', '성공 또는 출세', '도덕적 인간 양성'을 주요한 교육 목적으로 보고 있다면, 교인들은 '신앙인 양성'과 '기독 전문인 양성'을 중요한 교육 목적으로 설정하고 있다. '행복한 생활 영위', '도덕적 인간 양성' 등은 부차적인 교육 목적으로 간주되고 있다. 일반인들이 세속적 가치관에 따라 교육 목적을 설정하고 있다면, 교회 교인들은 종교적 가치관에 충실하게 자녀 교육 목적을 설정하고 있는 것을 알 수 있다.

〈표 17〉 자녀를 교육시키는 목적

단위: %(사례수)

구 분	전체		초·중·고 학부모		기타 학부모	
	1순위	1+2 순위 (복수응답)	1순위	1+2 순위 (복수응답)	1순위	1+2 순위 (복수응답)
덕이 있는 사람이 되게 한다	20.4 (245)	29.7	19.9 (84)	29.9	23.1 (55)	31.2
나라를 발전시킬 인재를 기른다	6.0 (72)	14.9	5.2 (22)	14.2	5.9 (14)	14.8
좋은 경험을 통해서 행복한 생활을 하게 한다	20.6 (247)	34.7	24.6 (104)	38.4	20.6 (49)	35.4
성공 또는 출세할 수 있는 기초를 닦아 준다	17.1 (205)	31.6	14.7 (62)	27.0	12.6 (30)	26.6
쓸모 있는 시민으로 길러낸다	7.5 (90)	16.4	6.6 (28)	16.6	9.7 (23)	18.6
앞날의 사회를 맡을 후진을 기른다	3.7 (44)	8.7	4.0 (17)	10.7	3.4	8.0
좋은 직업을 얻을 수 있는 조건을 갖추어 준다	12.3 (148)	28.3	13.3 (56)	27.3	12.2 (29)	26.2
항상 부딪히는 환경에 적응할 수 있는 힘을 기른다	9.8 (118)	27.3	9.2 (39)	27.8	9.7 (23)	28.3
사회의 지도적 인물을 기른다	1.5 (18)	4.8	0.9 (4)	5.0	1.7 (4)	5.5
사회적 조건을 개선할 일꾼을 기른다	1.1 (13)	3.7	1.4 (6)	3.1	1.3 (3)	5.5
계	100.0 (1200)	200.0	100.0 (422)	200.0	100.0 (238)	200.0

* 출처 : 한국교육개발원 자료

배경변인＼정도		신앙인 양성	기독전문인 양성	행복한 생활 위한 경험	덕있는 사람 양성	나라발전의 인재양성	성공, 출세의 기초 닦음	합 계
성별	남자	30.7%	18.6%	14.3%	17.0%	9.1%	10.2%	100.0%
		340	234	165	100	77	71	987
	여자	34.4%	23.7%	16.7%	10.1%	7.8%	7.2%	100.0%
		475	316	228	175	117	116	1427
	계	33.3%	22.1%	16.0%	12.3%	8.2%	8.1%	100.0%
		36	13	12	13	9	11	94
연령	29세 이하	38.3%	13.8%	12.8%	13.8%	9.6%	11.7%	100.0%
		145	91	70	43	35	17	401
	30세~39세 이하	36.2%	22.7%	17.5%	10.7%	8.7%	4.2%	100.0%
		192	139	106	61	38	59	595
	40세~49세 이하	32.3%	23.4%	17.8%	10.3%	6.4%	9.9%	100.0%
		96	66	37	55	33	25	312
	50세~59세 이하	30.8%	21.2%	11.9%	17.6%	10.6%	8.0%	100.0%
		6	7	3	3	2	4	25
	60세 이상	24.0%	28.0%	12.0%	12.0%	8.0%	16.0%	100.0%
		475	316	228	175	117	116	1427
	계	33.3%	22.1%	16.0%	12.3%	8.2%	8.1%	100.0%
		30	23	2	8	6	7	76
교육 수준	중학교 졸업 이하	39.5%	30.3%	2.6%	10.5%	7.9%	9.2%	100.0%
		147	82	67	48	24	39	407
	고등학교 졸업	36.1%	20.1%	16.5%	11.8%	5.9%	9.6%	100.0%
		90	47	38	32	22	20	249
	전문대 졸업 대학 중퇴/ 재학	36.1%	18.9%	15.3%	12.9%	8.8%	8.0%	100.0%
		150	108	91	64	55	40	508
	대학교 졸업	29.5%	21.3%	17.9%	12.6%	10.8%	7.9%	100.0%
		55	52	30	23	10	10	180
	대학원 이상	30.6%	28.9%	16.7%	12.8%	5.6%	5.6%	100.0%
		472	312	228	175	117	116	1420
	계	33.2%	22.0%	16.1%	12.3%	8.2%	8.2%	100.0%
		254	182	133	100	61	63	793
거주 지역	서울/광역시	32.0%	23.0%	16.8%	12.6%	7.7%	7.9%	100.0%
		119	76	57	48	26	29	355
	수도권 신도시	33.5%	21.4%	16.1%	13.5%	7.3%	8.2%	100.0%
		62	40	22	15	21	18	178
	중소도시	34.8%	22.5%	12.4%	8.4%	11.8%	10.1%	100.0%
		38	16	16	12	9	6	97
	읍면지역	39.2%	16.5%	16.5%	12.4%	9.3%	6.2%	100.0%
		473	314	228	175	117	116	1423
	계	33.2%	22.1%	16.0%	12.3%	8.2%	8.2%	100.0%
		79	56	38	28	19	26	246
	200만원 미만	32.1%	22.8%	15.4%	11.4%	7.7%	10.6%	100.0%
		125	65	52	51	17	22	332

구분								
한달 평균 소득	200-299 만원	37.7%	19.6%	15.7%	15.4%	5.1%	6.6%	100.0%
		103	63	45	27	26	26	290
	300-399 만원	35.5%	21.7%	15.5%	9.3%	9.0%	9.0%	100.0%
		76	45	39	23	22	15	220
	400-499 만원	34.5%	20.5%	17.7%	10.5%	10.0%	6.8%	100.0%
		77	83	47	42	29	23	301
	500만원 이상	25.6%	27.6%	15.6%	14.0%	9.6%	7.6%	100.0%
		460	312	221	171	113	112	1389
계		33.1%	22.5%	15.9%	12.3%	8.1%	8.1%	100.0%
		390	267	205	138	89	89	1178
취학 자녀 유무	있다	33.1%	22.7%	17.4%	11.7%	7.6%	7.6%	100.0%
		85	51	23	37	28	27	251
	없다	33.9%	20.3%	9.2%	14.7%	11.2%	10.8%	100.0%
		475	318	228	175	117	116	1429
계		33.2%	22.3%	16.0%	12.2%	8.2%	8.1%	100.0%
		37.3%	32.7%	22.6%	3.7%	2.6%	1.2%	100.0%

2) 한국사회에서 성공·출세하는 데에 미치는 요인

한국 사회에서 성공과 출세하는 데 미치는 가장 중요한 요인은 무엇인지에 대한 질문에 대하여 학벌과 연줄이라는 응답이 39.7%로 가장 많았으며, 성실성과 노력(27.8%), 신앙(16.2%), 가정배경(8.3%), 타고난 능력(4.6%), 운수와 기회(0.9%) 순으로 응답하였다.

남성들이 학벌과 연줄, 성실성과 노력을 강조하고 있다면, 여성들은 신앙을 강조하고 잇다는 점에서 큰 차이를 보이고 있다.

초·중·고등학교 자녀를 둔 30대와 40대의 경우 다른 연령층에 비하여 성설성과 노력보다는 학벌과 연줄을 중요 요소로 보는 동시에 신앙을 강조하고 있어서, 현실에 대한 냉철한 인식과 동시에 신앙심이 상대적으로 깊은 것으로 나타났다.

〈표 19〉 성공, 출세에 가장 큰 영향을 미치는 요인

구 분	성실성 노력	가정 배경	운수 기회	타고난 능력	학벌 연줄	신앙	기타	합 계	결측치
빈도(명)	218	65	7	36	311	127	20	784	30
비율(%)	27.8	8.3	0.9	4.6	39.7	16.2	2.6	100.0	

[그림 7] 성공, 출세에 가장 큰 영향을 미치는 요인

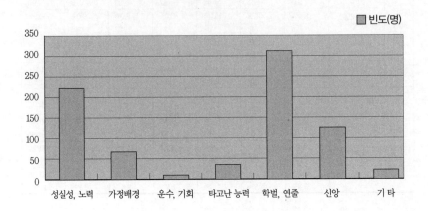

〈표 20〉에서 확인되는 바와 같이, 일반 학부모들과 비교하여 볼 때, 한국 교회 교인들은 개인의 성공과 출세를 위하여 성실성과 노력 보다는 학벌과 연줄을 더욱 중요한 요인이라고 평가하고 있는 것으로 나타났다.

〈표 20〉 개인의 성공 또는 출세 요인

단위: % (사례수)

	전체	초·중·고 학부모	기타 학부모
성실성과 노력	41.3(496)	40.8(172)	41.2(98)
가정 배경	14.8(177)	10.7(45)	16.0(38)
운수와 기회	2.7(32	2.4(10)	1.7(4)
학벌(출신 대학)과 연줄(인맥)	33.8(406)	38.6(163)	31.9(76)
타고난 능력	7.4(89)	7.6(32)	9.2(22)
계	100.0(1200)	100.0(422)	100.0(238)

* 출처 : 한국교육개발원 자료

〈표 21〉 성공, 출세에 가장 큰 영향을 미치는 요인

배경변인 \ 정도		성실성과 노력	가정 배경	운수와 기회	타고난 능력	학벌, 연줄	신앙	기타	계	x^2 (p)
성별	남자	78 32.0%	25 10.2%	1 0.4%	8 3.3%	102 41.8%	22 9.0%	8 3.3%	244 100.0%	18.793 (.005)
	여자	138 25.7%	40 7.4%	6 1.1%	28 5.2%	209 38.8%	105 19.5%	12 2.2%	538 100.0%	
계		216 27.6%	65 8.3%	7 0.9%	36 4.6%	311 39.8%	127 16.2%	20 2.6%	782 100.0%	
연령	29세 이하	17 34.0%	8 16.0%	1 2.0%	2 4.0%	16 32.0%	5 10.0%	1 2.0%	50 100.0%	3.502 (.009)
	30세~39세 이하	56 26.2%	16 7.5%	3 1.4%	11 5.1%	81 37.9%	39 18.2%	8 3.7%	214 100.0%	
	40세~49세 이하	81 24.9%	31 9.5%	3 0.9%	7 2.2%	145 44.6%	53 16.3%	5 1.5%	325 100.0%	
	50세~59세 이하	57 31.8%	6 3.4%	0 0%	15 8.4%	67 37.4%	28 15.6%	6 3.4%	179 100.0%	
	60세 이상	5 35.7%	4 28.6%	0 0%	1 7.1%	2 14.3%	2 14.3%	0 0%	14 100.0%	
계		216 27.6%	65 8.3%	7 0.9%	36 4.6%	311 39.8%	127 16.2%	20 2.6%	782 100.0%	
교육 수준	중학교 졸업 미만	15 35.7%	0 0%	0 0%	3 7.1%	15 35.7%	9 21.4%	0 0%	42 100.0%	44.351 (.007)
	고등학교 졸업	55 24.4%	18 8.0%	2 0.9%	5 2.2%	99 44.0%	33 14.7%	13 5.8%	225 100.0%	
	전문대 졸업 대학 중퇴/ 재학	34 25.4%	14 10.4%	3 2.2%	6 4.5%	51 38.1%	25 18.7%	1 0.7%	134 100.0%	
	대학교 졸업	89 32.1%	19 6.9%	2 0.7%	17 6.1%	110 39.7%	34 12.3%	6 2.2%	277 100.0%	
	대학원 이상	23 23.2%	14 14.1%	0 0%	5 5.1%	36 36.4%	21 21.2%	0 0%	99 100.0%	
계		216 27.8%	65 8.4%	7 0.9%	36 4.6%	311 40.0%	122 15.7%	20 2.6%	777 100.0%	
거주 지역	서울/광역시	123 28.1%	35 8.0%	5 1.1%	22 5.0%	173 39.6%	64 14.6%	15 3.4%	437 100.0%	24.703 (.133)
	수도권 신도시	57 28.6%	22 11.1%	1 0.5%	6 3.0%	76 38.2%	32 16.1%	5 2.5%	199 100.0%	
	중소도시	15 16.3%	6 6.5%	1 1.1%	7 7.6%	43 46.7%	20 21.7%	0 0%	92 100.0%	
	읍면지역	21 40.4%	2 3.8%	0 0%	1 1.9%	19 36.5%	9 17.3%	0 0%	52 100.0%	
계		216 27.7%	65 8.3%	7 0.9%	36 4.6%	311 39.9%	125 16.0%	20 2.6%	780 100.0%	

한달 평균 소득	200만원 미만	39 29.8%	13 9.9%	0 0%	6 4.6%	45 34.4%	23 17.6%	5 3.8%	131 100.0%	28.348 (.246)
	200-29 만원	54 28.0%	16 8.3%	1 0.5%	1 0.5%	85 44.0%	30 15.5%	6 3.1%	193 100.0%	
	300-399 만원	48 31.2%	9 5.8%	3 1.9%	9 5.8%	55 35.7%	28 18.2%	2 1.3%	154 100.0%	
	400-499 만원	31 25.2%	8 6.5%	2 1.6%	10 8.1%	47 38.2%	20 16.3%	5 4.1%	123 100.0%	
	500만 원 이상	38 23.3%	15 9.2%	1 0.6%	8 4.9%	74 45.4%	25 15.3%	2 1.2%	163 100.0%	
계		210 27.5%	61 8.0%	7 0.9%	34 4.5%	306 40.1%	126 16.5%	20 2.6%	764 100.0%	
취학 자녀 유무	있다	176 27.3%	50 7.8%	6 0.9%	29 4.5%	271 42.0%	99 15.3%	14 2.2%	645 100.0%	10.496 (.105)
	없다	42 30.2%	15 10.8%	1 0.7%	7 5.0%	40 28.8%	28 20.1%	6 4.3%	139 100.0%	
계		218 27.8%	65 8.3%	7 0.9%	36 4.6%	311 39.7%	127 16.2%	20 2.6	784 100.0%	

3) 자녀의 희망 교육 수준

"자녀가 어느 수준까지 공부하기를 원하십니까?" 라는 질문에 대학교라는 응답이 37.8%, 대학원 박사라는 응답이 36.1%, 대학원 석사수준이라고 응답한 교인이 18.7%로 나타났다. 대학교 미만(고등학교, 전문대학)은 1.3%에 불과했다. 고학력을 추구하는 성향이 분명히 확인되고 있다.

〈표 22〉 자녀의 희망 교육 수준

구 분	고등학교	전문대학	대학교	대학원 석사	대학원 박사	잘 모르 겠다	합 계	결측치
빈도(명)	2	8	299	148	285	48	790	24
비율(%)	0.3	1.0	37.8	18.7	36.1	6.1	100.0	

[그림 8] 자녀의 희망 교육 수준

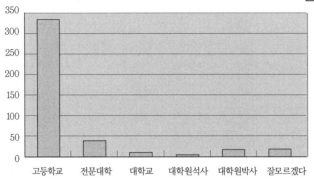

일반 학부모들과 비교하여 볼 때, 고학력 지향 성향은 동일하게 확인되고 있으나, 교회 교인들이 더욱 높은 학위를 추구하고 있다는 점에서 더욱 학력지향적인 것으로 나타났다.

〈표 23〉 일반학부모의 자녀 희망 교육 수준

년도 설명	고등학교 학부모 (2003)		중학교 학부모 (2004)		초등학교 학부모 (2005)	
	빈도수	백분율(%)	빈도수	백분율(%)	빈도수	백분율(%)
중학교	–	–	69	0.6	64	0.6
고등학교	195	2.1	235	2.0	97	0.8
전문대학 (2년제)	792	8.5	559	4.7	345	3.0
대학교	6,088	65.3	7,393	62.4	6,122	53.2
대학원 석사 과정	583	6.3	847	7.1	1,107	9.6
대학원 박사 과정	1,393	14.9	2,366	20.0	3,415	29.7
잘 모르겠다	275	2.9	386	3.2	361	3.1
결측값	2,428	–	2,517	–	956	–
계	11,754	100	14,372	100	12,467	100

* 출처 : 한국교육개발원 자료

<표 24> 자녀의 희망 교육 수준

정도 / 배경변인		고등학교	전문대학	대학교	대학원 석사	대학원 박사	잘 모름	계	x^2 (p)
성별	남자	2	2	98	42	85	17	246	6.196 (.288)
		0.8%	0.8%	39.8%	17.1%	34.6%	6.9%	100.0%	
	여자	0	6	199	106	200	31	542	
		0%	1.1%	36.7%	19.6%	36.9%	5.7%	100.0%	
	계	2	8	297	148	285	48	788	
		0.3%	1.0%	37.7%	18.8%	36.2%	6.1%	100.0%	
연령	29세 이하	0	3	16	7	14	9	49	52.572 (.000)
		0%	6.1%	32.7%	14.3%	28.6%	18.4%	100.0%	
	30세~39세 이하	0	0	85	45	70	16	216	
		0%	0%	39.4%	20.8%	32.4%	7.4%	100.0%	
	40세~49세 이하	0	4	121	69	123	12	329	
		0%	1.2%	36.8%	21.0%	37.4%	3.6%	100.0%	
	50세~59세 이하	2	1	71	27	68	11	180	
		1.1%	0.6%	39.4%	15.0%	37.8%	6.1%	100.0%	
	60세 이상	0	0	4	0	10	0	14	
		0%	0%	28.6%	0%	71.4%	0%	100.0%	
	계	2	8	297	148	285	48	788	
		0.3%	1.0%	37.7%	18.8%	36.2%	6.1%	100.0%	
교육수준	중학교 졸업 이하	0	2	19	2	14	5	42	65.446 (.000)
		0%	4.8%	45.2%	4.8%	33.3%	11.9%	100.0%	
	고등학교 졸업	0	1	94	45	73	15	228	
		0%	0.4%	41.2%	19.7%	32.0%	6.6%	100.0%	
	전문대 졸업 대학 중퇴/ 재학	2	4	49	29	44	6	134	
		1.5%	3.0%	36.6%	21.6%	32.8%	4.5%	100.0%	
	대학교 졸업	0	1	111	57	89	20	278	
		0%	0.4%	39.9%	20.5%	32.0%	7.2%	100.0%	
	대학원 이상	0	0	22	15	62	2	101	
		0%	0%	21.8%	14.9%	61.4%	2.0%	100.0%	
	계	2	8	295	148	282	48	783	
		0.3%	1.0%	37.7%	18.9%	36.0%	6.1%	100.0%	
거주지역	서울/광역시	0	1	152	89	174	25	441	38.079 (.001)
		0%	0.2%	34.5%	20.2%	39.5%	5.7%	100.0%	
	수도권 신도시	2	3	80	33	62	18	198	
		1.0%	1.5%	40.4%	16.7%	31.3%	9.1%	100.0%	
	중소도시	0	1	37	19	32	5	94	
		0%	1.1%	39.4%	20.2%	34.0%	5.3%	100.0%	
	읍면지역	0	3	28	5	17	0	53	
		0%	5.7%	52.8%	9.4%	32.1%	0%	100.0%	
	계	2	8	297	146	285	48	786	
		0.3%	1.0%	37.8%	18.6%	36.3%	6.1%	100.0%	
한달 평균 소득	200만원 미만	0	4	54	16	48	7	129	68.368 (.000)
		0%	3.1%	41.9%	12.4%	37.2%	5.4%	100.0%	
	200-299 만원	0	3	94	33	57	9	196	
		0%	1.5%	48.0%	16.8%	29.1%	4.6%	100.0%	
	300-399 만원	0	1	58	39	48	15	161	
		0%	0.6%	36.0%	24.2%	29.8%	9.3%	100.0%	

		2	0	41	25	43	12	123	
400~499 만원		1.6%	0%	33.3%	20.3%	35.0%	9.8%	100.0%	
500만 원 이상		0	0	43	33	84	1	161	
		0%	0%	26.7%	20.5%	52.2%	0.6%	100.0%	
계		2	8	290	146	280	44	770	
		0.3%	1.0%	37.7%	19.0%	36.4%	5.7%	100.0%	
취학 자녀 유무	있다	0	7	244	121	247	40	659	13.338 (.020)
		0%	1.1%	37.0%	18.4%	37.5%	6.1%	100.0%	
	없다	2	1	55	27	38	8	131	
		1.5%	0.8%	42.0%	20.6%	29.0%	6.1%	100.0%	
계		2	8	299	148	285	48	790	
		0.3%	1.0%	37.8%	18.7%	36.1%	6.1%	100.0%	

4) 자녀의 진로 결정 주체

자녀의 진로를 결정하는 데에 있어서 누구의 의견이 가장 중요하다고 생각하는지 물었다. 이에 전체 응답자의 83.8%가 자녀본인의 의견이 가장 중요하다고 응답하였으며, 부모님이라는 응답도 8.9%로 나타났다.

〈표 25〉 자녀의 진로 결정 주체

구분	자녀 본인	부모님	학교 교사	학원 과외 교사	진로 상담 전문가	목사	교회 학교 교사	기타	합계	결측치
빈도 (명)	660	70	12	2	14	14	4	12	788	26
비율 (%)	83.8	8.9	1.5	0.3	1.8	1.8	0.5	1.5	100.0	

[그림 9] 자녀의 진로 결정 주체

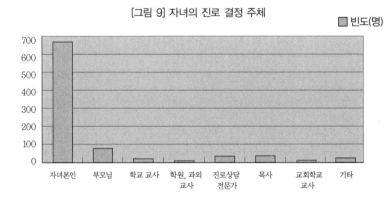

<표 26>에서 확인되는 바와 같이, 일반 학부모들과 비교하여 볼 때, 교회 교인들과 일반 학부모들과의 의견 차이는 거의 존재하지 않고 있다.

<표 26> 자녀의 진로를 결정할 때, 누구의 의견을 가장 중요하게 생각하십니까?

년도 / 설명	고등학교 학부모 (2003)		중학교 학부모 (2004)		초등학교 학부모 (2005)	
	빈도수	백분율(%)	빈도수	백분율(%)	빈도수	백분율(%)
자녀 본인	7,933	85.1	9,638	81.2	9,454	81.9
부모님	886	9.5	1,348	11.4	1,442	12.5
학교 교사	340	3.6	564	4.8	320	2.8
학원(과외) 교사	15	0.2	57	0.5	60	0.5
진로 상담 전문가	62	0.7	132	1.1	164	1.3
기타	88	0.9	124	1.0	101	0.9
결측치	2,430	–	2,509	926	–	
계	11,754	100	14,372	100	12,467	100

* 출처 : 한국교육개발원 자료

<표 27> 자녀의 진로 결정 주체

배경변인	정도	자녀 본인	부모님	학교 교사	학원 과외 교사	진로 상담 전문가	목사	교회 학교 교사	기타	계	x^2 (p)
성별	남자	197 79.4%	30 12.1%	4 1.6%	0 0%	6 2.4%	4 1.6%	3 1.2%	4 1.6%	248 100.0%	10.275 (.174)
	여자	461 85.7%	40 7.4%	8 1.5%	2 0.4%	8 1.5%	10 1.9%	1 0.2%	8 1.5%	538 100.0%	
	계	658 83.7%	70 8.9%	12 1.5%	2 0.3%	14 1.8%	14 1.8%	4 0.5%	12 1.5%	786 100.0%	
연령	29세 이하	43 89.6%	1 2.1%	0 0%	0 0%	0 0%	3 6.3%	0 0%	1 2.1%	48 100.0%	
	30세~39세 이하	181 83.8%	26 12.0%	0 0%	0 0%	5 2.3%	1 0.5%	1 0.5%	2 0.9%	216 100.0%	
	40세~49세 이하	277 84.7%	21 6.4%	9 2.8%	2 0.6%	8 2.4%	3 0.9%	1 0.3%	6 1.8%	327 100.0%	89.954 (.000)
	50세~59세 이하	144 80.0%	22 12.2%	3 1.7%	0 0%	1 0.6%	7 3.9%	0 0%	3 1.7%	180 100.0%	
	60세 이상	13 86.7%	0 0%	0 0%	0 0%	0 0%	0 0%	2 13.3%	0 0%	15 100.0%	

										계	χ²(p)
	계	658	70	12	2	14	14	4	12	786	
		83.7%	8.9%	1.5%	0.3%	1.8%	1.8%	0.5%	1.5%	100.0%	
교육 수준	중학교 졸업 이하	33	4	0	0	0	4	0	1	42	71.648 (.000)
		78.6%	9.5%	0%	0%	0%	9.5%	0%	2.4%	100.0%	
	고등학교 졸업	186	21	8	2	2	4	0	2	225	
		82.7%	9.3%	3.6%	0.9%	0.9%	1.8%	0%	0.9%	100.0%	
	전문대 졸업 대학중퇴/재학	123	6	2	0	0	3	1	0	135	
		91.1%	4.4%	1.5%	0%	0%	2.2%	0.7%	0%	100.0%	
	대학교 졸업	238	23	1	0	5	2	3	6	278	
		85.6%	8.3%	0.4%	0%	1.8%	0.7%	1.1%	2.2%	100.0%	
	대학원 이상	74	16	0	0	7	1	0	3	101	
		73.3%	15.8%	0%	0%	6.9%	1.0%	0%	3.0%	100.0%	
	계	654	70	11	2	14	14	4	12	781	
		83.7%	9.0%	1.4%	0.3%	1.8%	1.8%	0.5%	1.5%	100.0%	
거주 지역	서울/광역시	363	42	8	0	9	3	3	8	436	36.255 (.020)
		83.3%	9.6%	1.8%	0%	2.1%	0.7%	0.7%	1.8%	100.0%	
	수도권 신도시	160	22	0	2	3	8	1	3	199	
		80.4%	11.1%	0%	1.0%	1.5%	4.0%	0.5%	1.5%	100.0%	
	중소도시	90	0	2	0	2	1	0	1	96	
		93.8%	0%	2.1%	0%	2.1%	1.0%	0%	1.0%	100.0%	
	읍면지역	43	6	2	0	0	2	0	0	53	
		81.1%	11.3%	3.8%	0%	0%	3.8%	0%	0%	100.0%	
	계	656	70	12	2	14	14	4	12	784	
		83.7%	8.9%	1.5%	0.3%	1.8%	1.8%	0.5%	1.5%	100.0%	
한달 평균 소득	200만원 미만	109	6	2	0	2	6	2	2	129	49.199 (.008)
		84.5%	4.7%	1.6%	0%	1.6%	4.7%	1.6%	1.6%	100.0%	
	200-299만원	169	17	3	0	2	4	1	3	199	
		84.9%	8.5%	1.5%	0%	1.0%	2.0%	0.5%	1.5%	100.0%	
	300-399만원	138	11	4	0	3	2	1	0	159	
		86.8%	6.9%	2.5%	0%	1.9%	1.3%	0.6%	0%	100.0%	
	400-499만원	106	16	0	2	1	0	0	0	125	
		84.8%	12.8%	0%	1.6%	0.8%	0%	0%	0%	100.0%	
	500만 원 이하	121	18	2	0	6	2	0	6	155	
		78.1%	11.6%	1.3%	0%	3.9%	1.3%	0%	3.9%	100.0%	
	계	643	68	11	2	14	14	4	11	767	
		83.8%	8.9%	1.4%	0.3%	1.8%	1.8%	0.5%	1.4%	100.0%	
취학 자녀 유무	있다	546	64	11	2	12	7	1	7	650	29.352 (.000)
		84.0%	9.8%	1.7%	0.3%	1.8%	1.1%	0.2%	1.1%	100.0%	
	없다	114	6	1	0	2	7	3	5	138	
		82.6%	4.3%	0.7%	0%	1.4%	5.1%	2.2%	3.6%	100.0%	
	계	660	70	12	2	14	14	4	12	788	
		83.8%	8.9%	1.5%	0.3%	1.8%	1.8%	0.5%	1.5%	100.0%	

5) 자녀의 과외학습 여부

현재 자녀에게 과외학습을 시키고 있는지에 대한 질문에 전체 응답자

769명 중 62.0%에 해당하는 477명이 과외학습을 시키고 있다고 응답하였다. 38.0%에 해당하는 292명은 하지 않고 있다고 응답하였다. 이는 취학자녀가 없는 응답자를 포함하고 있으며, 이를 고려한다면, 실제 자녀에게 과외학습을 시키는 비율은 더 높다고 볼 수 있다.

2003년 한국교육개발원 조사에 의하면, 전체 학부모의 73.3%가 과외학습을 받고 있다고 응답하였다(현주, 2002: 146). 이렇게 볼 때, 자녀의 과외 학습 여부에서 교회 교인들과 일반인들 사이에는 별 차이가 없는 것을 알 수 있다.

〈표 28〉 자녀의 과외학습 여부

구 분	하고 있다	하지 않고 있다	합 계	결측치
빈도(명)	477	292	769	45
비율(%)	62.0	38.0	100.0	

[그림 10] 자녀의 과외학습 여부

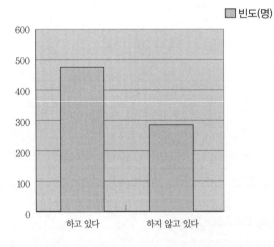

〈표 29〉 자녀의 과외학습 여부

배경인	정도	하고 있다	하지 않고 있다	계	x^2 (p)
성별	남자	126 54.8%	104 45.2%	230 100.0%	7.117 (.008)
	여자	349 65.0%	188 35.0%	537 100.0%	
	계	475 61.9%	292 38.1%	767 100.0%	
연령	29세 이하	6 12.0%	44 88.0%	50 100.0%	151.358 (.000)
	30세~39세 이하	148 71.8%	58 28.2%	206 100.0%	
	40세~49세 이하	258 77.7%	74 22.3%	332 100.0%	
	50세~59세 이하	60 35.9%	107 64.1%	167 100.0%	
	60세 이상	3 25.0%	9 75.0%	12 100.0%	
	계	475 61.9%	292 38.1%	767 100.0%	
교육 수준	중학교 졸업 이하	22 55.0%	18 45.0%	40 100.0%	1.789 (.774)
	고등학교 졸업	146 64.9%	79 35.1%	225 100.0%	
	전문대 졸업 대학 중퇴/재학	81 60.4%	53 39.6%	134 100.0%	
	대학교 졸업	165 62.3%	100 37.7%	265 100.0%	
	대학원 이상	60 61.2%	38 38.8%	98 100.0%	
	계	474 62.2%	288 37.8%	762 100.0%	
거주 지역	서울/광역시	245 58.5%	174 41.5%	419 100.0%	6.170 (.104)
	수도권 신도시	130 65.3%	69 34.7%	199 100.0%	
	중소도시	59 62.8%	35 37.2%	94 100.0%	
	읍면지역	39 73.6%	14 26.4%	53 100.0%	
	계	473 61.8%	292 38.2%	765 100.0%	
한달 평균 소득	200만원 미만	49 39.8%	74 60.2%	123 100%	68.777 (.000)
	200-299만원	96 50.8%	93 49.2%	189 100.0%	
	300-399만원	121 78.1%	34 21.9%	155 100.0%	

한달 평균 소득	400~499만원	92 75.4%	30 24.6%	122 100.0%	68.777 (.000)
	500만 원 이상	114 71.7%	45 28.3%	156 100.0%	
	계	472 63.1%	276 36.9%	748 100.0%	

6) 월 평균 과외비

자녀들의 과외 학습비로 한 달에 얼마나 지출하는 지에 대한 질문에 대해, 전체 응답자의 32.7%가 월 50만 원 이하, 22.6%가 51~100만원, 3.7%가 101~150만원, 2.6%가 151~200만원, 1.2%가 201만 원 이상 지출한다고 응답하였다. 없다는 응답도 37.3% 있었으며, 이 역시 취학자녀가 없는 응답자를 포함하고 있으므로, 실제 없음에 대한 비율은 더 낮다고 볼 수 있다.

〈표 30〉 월 평균 과외 지출비

구 분	없음	50만원 이하	51~100 만원	101~150 만원	151~200 만원	201만원 이상	합 계	결측치
빈도(명)	284	249	172	28	20	9	762	52
비율(%)	37.3	32.7	22.6	3.7	2.6	1.2	100.0	

[그림 11] 월 평균 과외 지출비

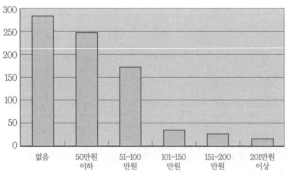

〈표 31〉 월 평균 과외 지출비

배경변인	정도	없음	50만원 이하	51-100 만원	101-150 만원	151-200 만원	201만원 이상	계	x²(p)
성별	남자	105 46.5%	60 26.5%	40 17.7%	10 4.4%	9 4.0%	2 0.9%	226 100.0%	17.030 (.004)
	여자	179 33.5%	187 35.0%	132 24.7%	18 3.4%	11 2.1%	7 1.3%	534 100.0%	
	계	284 37.4%	247 32.5%	172 22.6%	28 3.7%	20 2.6%	9 1.2%	760 100.0%	
연령	29세 이하	46 90.2%	5 9.8%	0 0%	0 0%	0 0%	0 0%	51 100.0%	46.996 (.000)
	30세~39세 이하	53 25.9%	103 50.2%	45 22.0%	4 2.0%	0 0%	0 0%	205 100.0%	
	40세~49세 이하	68 20.8%	109 33.3%	113 34.6%	20 6.1%	12 3.7%	5 1.5%	327 100.0%	
	50세~59세 이하	107 65.2%	29 17.7%	14 8.5%	4 2.4%	8 4.9%	2 1.2%	164 100.0%	
	60세 이상	10 76.9%	1 7.7%	0 0%	0 0%	0 0%	2 15.4%	13 100.0%	
	계	284 37.4%	247 32.5%	172 22.6%	28 3.7%	20 2.6%	9 1.2%	760 100.0%	
교육수준	중학교 졸업 이하	18 45.0%	13 32.5%	8 20.0%	1 2.5%	0 0%	0 0%	40 100.0%	43.524 (.002)
	고등학교 졸업	76 34.5%	81 36.8%	51 23.2%	9 4.1%	3 1.4%	0 0%	220 100.0%	
	전문대졸업 대학중퇴/재학	51 38.1%	53 39.6%	24 17.9%	2 1.5%	4 3.0%	0 0%	134 100.0%	
교육수준	대학교 졸업	99 37.9%	68 26.1%	70 26.8%	14 5.4%	6 2.3%	4 1.5%	261 100.0%	43.024 (.002)
	대학원 이상	36 36.0%	31 31.0%	19 19.0%	2 2.0%	7 7.0%	5 5.0%	100 100.0%	
	계	280 37.1%	246 32.6%	172 22.8%	28 3.7%	20 2.6%	9 1.2%	755 100.0%	
거주지역	서울/광역시	172 41.0%	117 27.9%	95 22.6%	18 4.3%	9 2.1%	9 2.1%	420 100.0%	33.488 (.004)
	수도권 신도시	66 34.2%	63 32.6%	48 24.9%	5 2.6%	11 5.7%	0 0%	193 100.0%	
	중소도시	31 33.7%	40 43.5%	18 19.6%	3 3.3%	0 0%	0 0%	92 100.0%	
	읍면지역	15 28.3%	25 47.2%	11 20.8%	2 3.8%	0 0%	0 0%	53 100.0%	
	계	284 37.5%	245 32.3%	172 22.7%	28 3.7%	20 2.6%	9 1.2%	758 100.0%	
한달평균소득	200만원 미만	75 59.5%	42 33.3%	6 4.8%	1 0.8%	0 0%	2 1.6%	126 100.0%	44.455 (.000)
	200-299만원	85 45.2%	66 35.1%	32 17.0%	4 2.1%	1 0.5%	0 0%	188 100.0%	
	300-399만원	29 18.8%	61 39.6%	55 35.7%	7 4.5%	2 1.3%	0 0%	154 100.0%	

400~499만원	32	41	37	2	5	0	117	
	27.4%	35.0%	31.6%	1.7%	4.3%	0%	100.0%	
500만 원 이상	45	36	42	14	12	7	156	
	28.8%	23.1%	26.9%	9.0%	7.7%	4.5%	100.0%	
계	266	246	172	28	20	9	741	
	35.9%	33.2%	23.2%	3.8%	2.7%	1.2%	100.0%	

3. 교인들의 신앙교육 실태

1) 자녀의 교회학교 출석 여부

"자녀가 교회학교에 다니고 있습니까?"라는 질문에 대하여 전체 응답
자 779명 중 619명에 해당하는 79.5%가 다니고 있다고 응답하였으며, 다니
고 있지 않다는 응답은 20.5%로 나타났다.

〈표 32〉 자녀의 교회학교 출석 여부

구 분	다니고 있다	다니고 있지 않다	합 계	결측치
빈도(명)	619	160	779	35
비율(%)	79.5	20.5	100.0	

[그림 12] 자녀의 교회학교 출석 여부

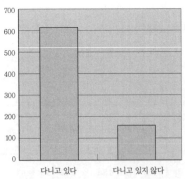

〈표 33〉 교회학교 교육에 대한 만족도

배경변인 정도		다니고 있다	다니고 있지 않다	계	x^2 (p)
성별	남자	186 77.8%	53 22.2%	239 100.0%	.529 (.467)
	여자	431 80.1%	107 19.9%	538 100.0%	
	계	617 79.4%	160 20.6%	777 100.0%	
연령	29세 이하	14 31.1%	31 68.9%	45 100.0%	119.408 (.000)
	30세~39세 이하	181 85.4%	31 14.6%	212 100.0%	
	40세~49세 이하	293 89.6%	34 10.4%	327 100.0%	
	50세~59세 이하	124 69.7%	54 30.3%	178 100.0%	
	60세 이상	5 33.3%	10 66.7%	15 100.0%	
	계	617 79.4%	160 20.6%	777 100.0%	
교육 수준	중학교 졸업 이하	28 66.7%	14 33.3%	42 100.0%	6.476 (.166)
	고등학교 졸업	185 81.9%	41 18.1%	226 100.0%	
	전문대졸업 대학 중퇴/재학	106 79.1%	28 20.9%	134 100.0%	
	대학교 졸업	212 77.7%	61 22.3%	273 100.0%	
	대학원 이상	81 83.5%	16 16.5%	97 100.0%	
	계	612 79.3%	160 20.7%	772 100.0%	
거주 지역	서울/ 광역시	325 75.6%	105 24.4%	430 100.0%	19.640 (.000)
	수도권 신도시	156 78.8%	42 21.2%	198 100.0%	
	중소도시	86 91.5%	8 8.5%	94 100.0%	
	읍면지역	50 94.3%	3 5.7%	53 100.0%	
	계	617 79.6%	158 20.4%	775 100.0%	
대학 평균 소득	200만원 미만	87 68.5%	40 31.5%	127 100.0%	20.773 (.000)
	200-299만원	149 76.0%	47 24.0%	196 100.0%	
	300-399만원	135 87.7%	19 12.3%	154 100.0%	
	400-499만원	105 84.7%	19 15.3%	124 100.0%	

		133	27	160	
	500만원 이상	83.1%	16.9%	100.0%	
	계	609	152	761	
		80.0%	20.0%	100.0%	
취학 자녀 유무	있다	576	80	656	177.236
		87.8%	12.2%	100.0%	(.000)
	없다	43	80	123	
		35.0%	65.0%	100.0%	
	계	619	160	779	
		79.5%	20.5%	100.0%	

2) 교회학교 교육에 대한 만족도

교회 학교에 대해서 전체 응답자의 55.0%는 만족한다고 응답하였으며, 21.8%는 불만족한다고 응답하였다. 잘 모르겠다는 의견도 23.1% 있었다.

남성보다는 여성, 학력이 낮을수록, 도시보다는 농촌 지역 교인들의 만족도가 상대적으로 높은 것으로 나타났다.

<표 34> 교회학교 교육에 대한 만족도

구분	만족	불만족	잘모르겠음	합계	결측치
빈도(명)	426	169	179	774	40
비율(%)	55.0	21.8	23.1	100.0	

[그림 13] 교회학교 교육에 대한 만족도

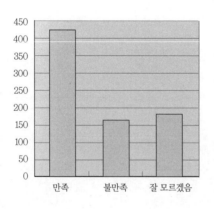

<표 35> 교회학교 교육에 대한 만족도

배경변인	정도	만족	불만족	잘 모르겠음	계	x^2 (p)
성별	남	117 50.2%	61 26.2%	55 23.6%	233 100.0%	4.176 (.124)
	여	307 57.0%	108 20.0%	124 23.0%	539 100.0%	
	계	424 54.9%	169 21.9%	179 23.2%	772 100.0%	
연령	29세 이하	17 37.8%	14 31.1%	14 31.1%	45 100.0%	22.090 (.005)
	30세~39세 이하	132 62.0%	46 21.6%	35 16.4%	213 100.0%	
	40세~49세 이하	186 56.9%	67 20.5%	74 22.6%	327 100.0%	
	50세~59세 이하	85 48.9%	40 23.0%	49 28.2%	174 100.0%	
	60세 이상	4 30.8%	2 15.4%	7 53.8%	13 100.0%	
	계	424 54.9%	169 21.9%	179 23.2%	772 100.0%	
교육 수준	중학교 졸업 이하	30 71.4%	6 14.3%	6 14.3%	42 100.0%	17.935 (.022)
	고등학교 졸업	138 60.8%	40 17.6%	49 21.6%	227 100.0%	
	전문대 졸업 대학 중퇴/재학	77 58.3%	24 18.2%	31 23.5%	132 100.0%	
	대학교 졸업	131 48.7%	74 27.5%	64 23.8%	269 100.0%	
	대학원 이상	45 46.4%	25 25.8%	27 27.8%	97 100.0%	
	계	421 54.9%	169 22.0%	177 23.1%	767 100.0%	
거주 지역	서울/광역시	220 51.5%	99 23.2%	108 25.3%	427 100.0%	
	수도권 신도시	117 60.3%	35 18.0%	42 21.6%	194 100.0%	
	중소도시	44 45.8%	28 29.2%	24 25.0%	96 100.0%	
	읍면지역	43 81.1%	7 13.2%	3 5.7%	53 100.0%	
	계	424 55.1%	169 21.9%	177 23.0%	770 100.0%	
한달 평균 소득	200만원 미만	70 54.3%	38 29.5%	21 16.3%	129 100.0%	24.028 (.002)
	200-299만원	94 49.2%	47 24.6%	50 26.2%	191 100.0%	
	300-399만원	105 66.5%	20 12.7%	33 20.9%	158 100.0%	

한달 평균 소득	400-499만원	72 60.0%	20 16.7%	28 23.3%	120 100.0%	24.028 (.002)
	500만 원 이상	76 48.1%	39 24.7%	43 27.2%	158 100.0%	
	계	417 55.2%	164 21.7%	175 23.1%	756 100.0%	
취학 자녀 유무	있다	376 58.1%	135 20.9%	136 21.0%	647 100.0%	16.039 (.000)
	없다	50 39.4%	34 26.8%	43 33.9%	127 100.0%	
	계	426 55.0%	169 21.8%	179 23.1%	774 100.0%	

3) 가정예배 여부

"가족 예배를 드리고 있습니까?"라는 질문에 전체 응답자의 33.4%가 드리지 않는다고 응답하였고, 36.8%가 1년에 1~3회 정도 드린다고 응답하였다. 전체 응답자의 70% 이상이 가정 예배를 거의 드리지 않는다고 볼 수 있다. 응답자의 12.5%가 한 달에 1~3회 정도 가정예배를 드린다고 하였으며, 한 달에 4회 이상이 10.1%, 매일 드린다는 응답도 7.2% 있었다.

〈표 36〉 가정예배 여부

구 분	드리지 않음	1년 1-3회	한 달 1-3회	한 달 4회 이상	매일 드림	합 계	결측치
빈도(명)	261	288	98	79	56	782	32
비율(%)	33.4	36.8	12.5	10.1	7.2	100.0	

[그림 14] 가정예배 여부

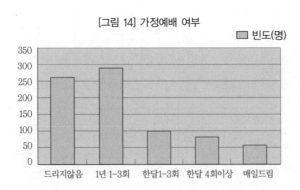

〈표 37〉 가정예배 여부

배경 변인	정도	드리지 않음	1년 1-3회	한 달 1-3회	한 달 4회 이상	매일 드림	계	x^2 (p)
성별	남자	58	95	40	28	25	246	19.229 (.001)
		23.6%	38.6%	16.3%	11.4%	10.2%	100.0%	
	여자	201	193	58	51	31	534	
		37.6%	36.1%	10.9%	9.6%	5.8%	100.0%	
	계	259	288	98	79	56	780	
		33.2%	36.9%	12.6%	10.1%	7.2%	100.0%	
연령	29세 이하	18	21	2	2	1	44	29.595 (.020)
		40.9%	47.7%	4.5%	4.5%	2.3%	100.0%	
	30세~39세 이하	64	88	31	24	8	215	
		29.8%	40.9%	14.4%	11.2%	3.7%	100.0%	
	40세~49세 이하	114	109	44	41	24	332	
		34.3%	32.8%	13.3%	12.3%	7.2%	100.0%	
	50세~59세 이하	57	64	21	12	22	176	
		32.4%	36.4%	11.9%	6.8%	12.5%	100.0%	
	60세 이상	6	6	0	0	1	13	
		46.2%	46.2%	0%	0%	7.7%	100.0%	
	계	259	288	98	79	56	780	
		33.2%	36.9%	12.6%	10.1%	7.2%	100.0%	
교육 수준	중학교 졸업 이하	9	21	2	4	6	42	43.312 (.000)
		21.4%	50.0%	4.8%	9.5%	14.3%	100.0%	
	고등학교 졸업	92	81	25	17	14	229	
		40.2%	35.4%	10.9%	7.4%	6.1%	100.0%	
	전문대졸업 대학 중퇴/ 재학	46	55	14	15	2	132	
		34.8%	41.7%	10.6%	11.4%	1.5%	100.0%	
	대학교 졸업	97	94	36	28	21	276	
		35.1%	34.1%	13.0%	10.1%	7.6%	100.0%	
	대학원 이상	15	37	21	13	12	98	
		15.3%	37.8%	21.4%	13.3%	12.2%	100.0%	
	계	259	288	98	77	55	777	
		33.3%	37.1%	12.6%	9.9%	7.1%	100.0%	
거주 지역	서울/ 광역시	135	154	63	47	32	431	15.043 (.239)
		31.3%	35.7%	14.6%	10.9%	7.4%	100.0%	
	수도권 신도시	66	83	21	16	12	198	
		33.3%	41.9%	10.6%	8.1%	6.1%	100.0%	
	중소도시	40	27	11	12	6	96	
		41.7%	28.1%	11.5%	12.5%	6.3%	100.0%	
	읍면지역	16	24	3	4	6	53	
		30.2%	45.3%	5.7%	7.5%	11.3%	100.0%	
	계	257	288	98	79	56	778	
		33.0%	37.0%	12.6%	10.2%	7.2%	100.0%	
한달 평균 소득	200만원 미만	43	43	10	11	16	123	36.635 (.002)
		35.0%	35.0%	8.1%	8.9%	13.0%	100.0%	
	200-299 만원	74	73	16	22	10	195	
		37.9%	37.4%	8.2%	11.3%	5.1%	100.0%	
	300-399 만원	42	56	33	21	7	159	
		26.4%	35.2%	20.8%	13.2%	4.4%	100.0%	

한달 평균 소득	400~499 만원	41 32.8%	54 43.2%	9 7.2%	11 8.8%	10 8.0%	125 100.0%	36.635 (.002)
	500만 원 이상	55 34.4%	52 32.5%	28 17.5%	14 8.8%	11 6.9%	160 100.0%	
	계	255 33.5%	278 36.5%	96 12.6%	79 10.4%	54 7.1%	762 100.0%	
취학 자녀 유무	있다	226 34.5%	229 35.0%	86 13.1%	72 11.0%	42 6.4%	655 100.0%	12.825 (.012)
	없다	35 27.6%	59 46.5%	12 9.4%	7 5.5%	14 11.0%	127 100.0%	
	계	261 33.4%	288 36.8%	98 12.5%	79 10.1%	56 7.2%	782 100.0%	

4) 자녀와의 신앙적 대화 시간

"1주일에 자녀와 신앙적인 대화를 하는 시간이 얼마나 됩니까?"라는 질문에 대화 시간이 없다(18.2%)는 응답을 포함한 전체의 74.4%가 1시간 미만이라고 응답하였다. 일주일에 1~3시간 정도 대화시간을 갖는다고 한 응답자는 20.7%, 3시간 이상 자녀와 신앙적인 대화를 나눈다는 응답자는 4.9%로 나타났다.

〈표 38〉 자녀와의 신앙적 대화 시간

구 분	없다	0-1시간	1-3시간	3시간 이상	합 계	결측치
빈도(명)	137	424	156	37	754	60
비율(%)	18.2	56.2	20.7	4.9	100.0	

[그림 15] 자녀와의 신앙적 대화 시간

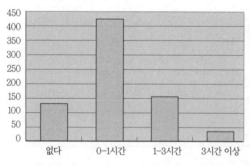

〈표 39〉 1주일간 자녀와의 신앙적 대화 시간

배경변인	정도	없다	0-1시간	1-3시간	3시간 이상	계	x^2(p)
성별	남자	58	109	55	8	230	16.409 (.001)
		25.2%	47.4%	23.9%	3.5%	100.0%	
	여자	79	313	101	29	522	
		15.1%	60.0%	19.3%	5.6%	100.0%	
	계	137	422	156	37	752	
		18.2%	56.1%	20.7%	4.9%	100.0%	
연령	29세 이하	14	11	5	0	30	44.139 (.000)
		46.7%	36.7%	16.7%	0%	100.0%	
	30세~39세 이하	36	115	36	14	201	
		17.9%	57.2%	17.9%	7.0%	100.0%	
	40세~49세 이하	42	207	64	18	331	
		12.7%	62.5%	19.3%	5.4%	100.0%	
	50세~59세 이하	40	83	50	5	178	
		22.5%	46.6%	28.1%	2.8%	100.0%	
	60세 이상	5	6	1	0	12	
		41.7%	50.0%	8.3%	0%	100.0%	
	계	137	422	156	37	752	
		18.2%	56.1%	20.7%	4.9%	100.0%	
교육 수준	중학교 졸업 이하	3	26	13	0	42	30.422 (.002)
		7.1%	61.9%	31.0%	0%	100.0%	
	고등학교 졸업	47	131	43	10	231	
		20.3%	56.7%	18.6%	4.3%	100.0%	
	전문대 졸업 대학 중퇴/재학	20	70	22	9	121	
		16.5%	57.9%	18.2%	7.4%	100.0%	
	대학교 졸업	58	149	47	8	262	
		22.1%	56.9%	17.9%	3.1%	100.0%	
	대학원 이상	9	45	31	8	93	
		9.7%	48.4%	33.3%	8.6%	100.0%	
	계	137	421	156	35	749	
		18.3%	56.2%	20.8%	4.7%	100.0%	
거주 지역	서울/ 광역시	83	224	79	20	406	21.236 (.012)
		20.4%	55.2%	19.5%	4.9%	100.0%	
	수도권 신도시	29	112	50	4	195	
		14.9%	57.4%	25.6%	2.1%	100.0%	
	중소도시	16	49	20	11	96	
		16.7%	51.0%	20.8%	11.5%	100.0%	
	읍면지역	7	37	7	2	53	
		13.2%	69.8%	13.2%	3.8%	100.0%	
	계	135	422	156	37	750	
		18.0%	56.3%	20.8%	4.9%	100.0%	

구분						합계	결측치
한달평균소득	200만원미만	21 17.9%	64 54.7%	27 23.1%	5 4.3%	117 100.0%	17,772 (,123)
	200-299만원	43 23.2%	97 52.4%	31 16.8%	14 7.6%	185 100.0%	
	300-399만원	19 12.5%	94 61.8%	31 20.4%	8 5.3%	152 100.0%	
	400-499만원	18 14.6%	70 56.9%	33 26.8%	2 1.6%	123 100.0%	
	500만원이상	33 20.5%	90 55.9%	31 19.3%	7 4.3%	161 100.0%	
계		134 18.2%	415 56.2%	153 20.7%	36 4.9%	738 100.0%	
취학자녀유무	있다	95 14.5%	391 59.7%	134 20.5%	35 5.3%	655 100.0%	49,591 (,000)
	없다	42 42.4%	33 33.3%	22 22.2%	2 2.0%	99 100.0%	
계		137 18.2%	424 56.2%	156 20.7%	37 4.9%	754 100.0%	

4. 교인들의 기독교적 가치관

1) 교회학교에서 강조하여야 할 내용

교회 학교에서 강조해야 하는 내용이 무엇인지에 대한 질문에 가장 많은 응답자인 72.0%가 기독교 가치관이라고 응답하였다. 다음으로 인격도야 (12.0%), 성경지식(8.4%), 입시준비(0.1%) 등으로 대답하였다. 전체 응답자들의 대다수가 기독교적 가치관 교육을 매우 중요하게 생각하고 있음을 알 수 있다. 학력이 낮을수록 성경지식을 강조하는 비율이 상대적으로 높고, 학력이 높을수록 기독교적 가치관을 강조하는 비율이 높아지고 있다.

〈표 40〉 교회학교에서 강조해야 할 점

구 분	성경지식	입시준비	인격도야	기독교 가치관	기타	합 계	결측치
빈도(명)	64	1	92	551	57	765	49
비율(%)	8.4	0.1	12.0	72.0	7.5	100.0	

[그림 16] 교회학교에서 강조해야 할 점

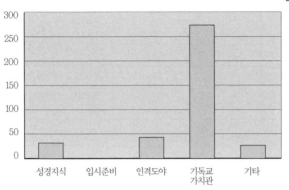

〈표 41〉 교회학교에서 강조해야 할 점

배경변인	정도	성경 지식	입시 준비	인격 도야	기독교 가치관	기타	계	x^2 (p)
성별	남자	17	0	35	174	19	245	2.945 (.567)
		6.9%	0%	14.3%	71.0%	7.8%	100.0%	
	여자	47	1	57	375	38	518	
		9.1%	0.2%	11.0%	72.4%	7.3%	100.0%	
	계	64	1	92	549	57	763	
		8.4%	0.1%	12.1%	72.0%	7.5%	100.0%	
연령	29세 이하	9	0	5	31	0	45	45.052 (.000)
		20.0%	0%	11.1%	68.9%	0%	100.0%	
	30세~39세 이하	13	0	25	154	23	215	
		6.0%	0%	11.6%	71.6%	10.7%	100.0%	
	40세~49세 이하	32	0	28	244	17	321	
		10.0%	0%	8.7%	76.0%	5.3%	100.0%	
	50세~59세 이하	10	1	32	113	13	169	
		5.9%	0.6%	18.9%	66.9%	7.7%	100.0%	
	60세 이상	0	0	2	7	4	13	
		0%	0%	15.4%	53.8%	30.8%	100.0%	
	계	64	1	92	549	57	763	
		8.4%	0.1%	12.1%	72.0%	7.5%	100.0%	
교육 수준	중학교 졸업 이하	7	0	4	18	5	34	52.209 (.000)
		20.6%	0%	11.8%	52.9%	14.7%	100.0%	
	고등학교 졸업	26	0	38	137	24	225	
		11.6%	0%	16.9%	60.9%	10.7%	100.0%	
	전문대졸업 대학 중퇴/재학	13	0	12	96	10	131	
		9.9%	0%	9.2%	73.3%	7.6%	100.0%	

	대학교 졸업	18	1	35	205	13	272	
		6.6%	0.4%	12.9%	75.4%	4.8%	100.0%	
	대학원 이상	0	0	3	90	5	98	
		0%	0%	3.1%	91.8%	5.1%	100.0%	
계		64	1	92	546	57	760	
		8.4%	0.1%	12.1%	71.8%	7.5%	100.0%	
거주 지역	서울/ 광역시	28	1	49	302	40	420	
		6.7%	0.2%	11.7%	71.9%	9.5%	100.0%	37.044 (.000)
	수도권 신도시	19	0	13	147	14	193	
		9.8%	0%	6.7%	76.2%	7.3%	100.0%	
	중소도시	7	0	19	70	0	96	
		7.3%	0%	19.8%	72.9%	0%	100.0%	
	읍면지역	10	0	11	30	1	52	
		19.2%	0%	21.2%	57.7%	1.9%	100.0%	
계		64	1	92	549	55	761	
		8.4%	0.1%	12.1%	72.1%	7.2%	100.0%	
한달 평균 소득	200만원 미만	15	0	17	73	13	118	
		12.7%	0%	14.4%	61.9%	11.0%	100.0%	
	200-299만원	21	0	24	134	11	190	
		11.1%	0%	12.6%	70.5%	5.8%	100.0%	
	300-399만원	11	0	13	120	12	156	28.473 (.028)
		7.1%	0%	8.3%	76.9%	7.7%	100.0%	
	400-499만원	3	1	21	82	12	119	
		2.5%	0.8%	17.6%	68.9%	10.1%	100.0%	
	500만 원 이상	12	0	16	125	9	162	
		7.4%	0%	9.9%	77.2%	5.6%	100.0%	
계		62	1	91	534	57	745	
		8.3%	0.1%	12.2%	71.7%	7.7%	100.0%	
취학 자녀 유무	있다	52	1	79	465	43	640	
		8.1%	0.2%	12.3%	72.7%	6.7%	100.0%	3.830 (.429)
	없다	12	0	13	86	14	125	
		9.6%	0%	10.4%	68.8%	11.2%	100.0%	
계		64	1	92	551	57	765	
		8.4%	0.1%	12.0%	72.0%	7.5%	100.0%	

2) 교회가 한국교육의 개선에 기여할 수 있는지에 대한 생각

교회가 한국교육의 긍정적 변화에 기여할 수 있을지를 묻는 질문에 대하여 89.2%가 그렇다고 응답하여, 한국교육에 대한 교회의 관심과 영향을 희망적으로 기대하고 있다는 점을 알 수 있다. 반면, 응답자의 10.8%는 아니라고 응답하여, 부정적인 입장도 다소 있음을 알 수 있다.

남성 교인보다는 여성 교인이, 그리고 30대의 성인 교인들이 다른 연령

층에 비하여 교회의 역할에 기대하는 비율이 높은 것으로 나타났다.

〈표 42〉 교회가 한국 교육의 개선에 기여할 수 있는지에 대한 생각

구 분	그렇다	아니다	합 계	결측치
빈도(명)	704	85	789	25
비율(%)	89.2	10.8	100.0	

[그림 17] 교회가 한국 교육의 개선에 기여할 수 있는지에 대한 생각

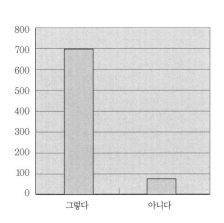

〈표 43〉 교회가 한국 교육의 개선에 기여할 수 있는 지에 대한 생각

배경변인	정도	그렇다	아니다	계	x^2 (p)
성별	남자	211 85.8%	35 14.2%	246 100.0%	4.363 (.037)
	여자	491 90.8%	50 9.2%	541 100.0%	
	계	702 89.2%	85 10.8%	787 100.0%	
연령	29세 이하	42 87.5%	6 12.5%	48 100.0%	9.502 (.050)
	30세~39세 이하	205 94.0%	13 6.0%	218 100.0%	

연령	40세~49세 이하	286 86.7%	44 13.3%	330 100.0%	9.502 (.050)
	50세~59세 이하	157 87.7%	22 12.3%	179 100.0%	
	60세 이상	12 100.0%	0 0%	12 100.0%	
계		702 89.2%	85 10.8%	787 100.0%	
교육 수준	중학교 졸업 이하	35 83.3%	7 16.7	42 100.0%	7.076(.132)
	고등학교 졸업	200 87.0%	30 13.0%	230 100.0%	
	전문대 졸업 대학 중퇴/ 재학	119 88.8%	15 11.2%	134 100.0%	
	대학교 졸업	259 92.8%	20 7.2%	279 100.0%	
	대학원 이상	86 86.9%	13 13.1%	99 100.0%	
계		699 89.2%	85 10.8%	784 100.0%	
거주 지역	서울/ 광역시	395 89.8%	45 10.2%	440 100.0%	1.379 (.711)
	수도권 · 신도시	174 87.9%	24 12.1%	198 100.0%	
	중소도시	84 87.5%	12 12.5%	96 100.0%	
	읍면지역	49 92.5%	4 7.5%	53 100.0%	
계		702 89.2%	85 10.8%	787 100.0%	
한달 평균 소득	200만원 미만	121 93.8%	8 6.2%	129 100.0%	5.134 (.274)
	200-299 만원	169 87.6%	24 12.4%	193 100.0%	
	300-399 만원	139 86.9%	21 13.1%	160 100.0%	
	400-499 만원	110 88.7%	14 11.3%	124 100.0%	
	500만 원 이상	148 91.4%	14 8.6%	162 100.0%	
계		687 89.5%	81 10.5%	768 100.0%	
취학 자녀 유무	있다	578 88.4%	76 11.6%	654 100.0%	2.857 (.091)
	없다	126 93.3%	9 6.7%	135 100.0%	
계		704 89.2%	85 10.8%	789 100.0%	

3) 한국교육의 변화를 위한 교회의 과제

한국교육을 개선하기 위해서 교회에서는 어떤 점을 강조해야 하는지에 대하여 물었다. 응답자의 37.0%가 교육적 가치관, 27.9%가 교인들의 신앙자세, 26.3%가 교육현실에 대한 관심, 8.5%가 교회교육이라고 응답하였다. 교회가 한국 교육현실에 대하여 관심 갖고 교인들이 올바른 교육적 가치관을 갖도록 신앙 지도를 해줄 것을 교인들은 기대한다고 볼 수 있다.

특별히 40대의 경우 교인들의 신앙자세보다 교육현실에 대한 관심이 더욱 중요하다고 응답하여 교회가 한국 교육 현실 문제에 더욱 적극적인 관심을 표명하는 것이 필요하다는 점을 강조하고 있다.

〈표 44〉 한국교육의 개선을 위해 교회에서 강조해야 할 점

구 분	교인들의 신앙자세	교육적 가치관	교회교육	교육현실에 대한 관심	합 계	결측치
빈도(명)	213	284	65	201	763	51
비율(%)	27.9	37.2	8.5	26.3	100.0	

[그림 18] 한국교육의 개선을 위해 교회에서 강조해야 할 점

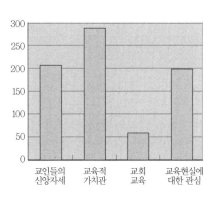

〈표 45〉 한국교육의 개선을 위해 교회에서 강조해야 할 점

배경변인	정도	교인들의 신앙자세	교육적 가치관	교회교육	교육현실에 대한 관심	계	x^2 (p)
성별	남자	62 26.4%	87 37.0%	15 6.4%	71 30.2%	235 100.0%	3.656 (.301)
	여자	151 28.7%	197 37.5%	48 9.1%	130 24.7%	526 100.0%	
	계	213 28.0%	284 37.3%	63 8.3%	201 26.4%	761 100.0%	
연령	29세 이하	8 17.4%	18 39.1%	10 21.7%	10 21.7%	46 100.0%	21.549 (.043)
	30세~39세 이하	68 32.4%	82 39.0%	14 6.7%	46 21.9%	210 100.0%	
	40세~49세 이하	83 25.9%	118 36.8%	26 8.1%	94 29.3%	321 100.0%	
	50세~59세 이하	52 30.2%	59 34.3%	12 7.0%	49 28.5%	172 100.0%	
	60세 이상	2 16.7%	7 58.3%	1 8.3%	2 16.7%	12 100.0%	
	계	213 28.0%	284 37.3%	63 8.3%	201 26.4%	761 100.0%	
교육수준	중학교 졸업 이하	13 34.2%	10 26.3%	2 5.3%	13 34.2%	38 100.0%	18.528 (.101)
	고등학교 졸업	67 30.6%	69 31.5%	20 9.1%	63 28.8%	219 100.0%	
	전문대졸업 대학 중퇴/ 재학	40 30.3%	43 32.6%	14 10.6%	35 26.5%	132 100.0%	
	대학교 졸업	70 25.6%	110 40.3%	22 8.1%	71 26.0%	273 100.0%	
	대학원 이상	22 22.9%	50 52.1%	5 5.2%	19 19.8%	96 100.0%	
	계	212 28.0%	282 37.2%	63 8.3%	201 26.5%	758 100.0%	
거주지역	서울/ 광역시	110 25.6%	171 39.8%	45 10.5%	104 24.2%	430 100.0%	14.206 (.115)
	수도권 신도시	60 32.3%	58 31.2%	11 5.9%	57 30.6%	186 100.0%	
	중소도시	25 26.9%	38 40.9%	4 4.3%	26 28.0%	93 100.0%	
	읍면지역	18 34.6%	17 32.7%	3 5.8%	14 26.9%	52 100.0%	
	계	213 28.0%	284 37.3%	63 8.3%	201 26.4%	761 100.0%	
한달 평균 소득	200만원 미만	40 31.7%	45 35.7%	14 11.1%	27 21.4%	126 100.0%	18.218(.109)
	200-299 만원	53 29.1%	62 34.1%	22 12.1%	45 24.7%	182 100.0%	
	300-399 만원	38 24.4%	59 37.8%	10 6.4%	49 31.4%	156 100.0%	
	400-499 만원	25 21.4%	47 40.2%	8 6.8%	37 31.6%	117 100.0%	
	500만 원 이상	49 30.4%	67 41.6%	7 4.3%	38 23.6%	161 100.0%	

		205	280	61	196	742	
	계	27.6%	37.7%	8.2%	26.4%	100.0%	
취학 자녀 유무	있다	167	237	55	174	633	5.153
		26.4%	37.4%	8.7%	27.5%	100.0%	(.161)
	없다	46	47	10	27	130	
		35.4%	36.2%	7.7%	20.8%	100.0%	
	계	213	284	65	201	763	
		27.9%	37.2%	8.5%	26.3%	100.0%	

4) 교회에서의 입시준비

교회에서의 입시 준비로는 특별기도회가 34.5%로 가장 많았으며, 공부의 목적과 의미를 가르치는 것이 23.0%로 두 번째로 많았다. 특별한 준비가 없다(14.0%), 학업 증진 프로그램(4.9%), 교회활동 자제권유(0.9%), 잘 모르겠다(22.6%)는 응답도 있었다.

〈표 46〉 우리 교회에서 하는 입시를 위한 준비

구 분	특별 기도회	학업증진 프로그램	특별한 준비없음	교회활동 자제권유	공부의 목적, 의미 가르침	잘 모르겠음	합 계	결측치
빈도(명)	258	37	105	7	172	169	748	66
비율(%)	34.5	4.9	14.0	0.9	23.0	22.6	100.0	

[그림 19] 우리 교회에서 하는 입시를 위한 준비

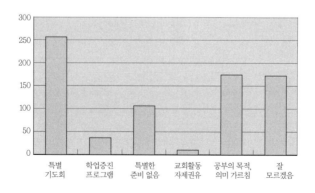

〈표 47〉 우리 교회에서 하는 입시를 위한 준비

배경변인	정도	특별 기도회	학업증진 프로그램	특별한 준비없음	교회활동 자재권유	공부목적, 의미교육	잘 모르겠음	계	x^2 (p)
성별	남자	69 29.6%	13 5.6%	37 15.9%	2 0.9%	59 25.3%	53 22.7%	233 100.0%	4.009 (.548)
	여자	187 36.5%	24 4.7%	68 13.3%	5 1.0%	113 22.0%	116 22.6%	513 100.0%	
	계	256 34.3%	37 5.0%	105 14.1%	7 0.9%	172 23.1%	169 22.7%	746 100.0%	
연령	29세 이하	19 41.3%	5 10.9%	6 13.0%	0 0%	4 8.7%	12 26.1%	46 100.0%	55.089 (.000)
	30세~39세 이하	85 41.7%	7 3.4%	11 5.4%	1 0.5%	51 25.0%	49 24.0%	204 100.0%	
	40세~49세 이하	86 26.8%	16 5.0%	69 21.5%	6 1.9%	78 24.3%	66 20.6%	321 100.0%	
	50세~59세 이하	63 38.7%	9 5.5%	19 11.7%	0 0%	34 20.9%	38 23.3%	163 100.0%	
	60세 이상	3 25.0%	0 0%	0 0%	0 0%	5 41.7%	4 33.3%	12 100.0%	
	계	256 34.3%	37 5.0%	105 14.1%	7 0.9%	172 23.1%	169 22.7%	746 100.0%	
교육 수준	중학교 졸업 이하	20 58.8%	0 0%	2 5.9%	0 0%	10 29.4%	2 5.9%	34 100.0%	37.720 (.010)
	고등학교 졸업	64 29.5%	12 5.5%	34 15.7%	2 0.9%	49 22.6%	56 25.8%	217 100.0%	
	전문대졸업 대학중퇴/ 재학	41 32.0%	14 10.9%	16 12.5%	2 1.6%	24 18.8%	31 24.2%	128 100.0%	
	대학교 졸업	96 35.7%	9 3.3%	43 16.0%	3 1.1%	58 21.6%	60 22.3%	269 100.0%	
	대학원 이상	35 36.8%	2 2.1%	9 9.5%	0 0%	29 30.5%	20 21.1%	95 100.0%	
	계	256 34.5%	37 5.0%	104 14.0%	7 0.9%	170 22.9%	169 22.7%	743 100.0%	
거주 지역	서울/ 광역시	146 35.5%	17 4.1%	46 11.2%	3 0.7%	94 22.9%	105 25.5%	411 100.0%	39.570 (.001)
	수도권 신도시	54 29.0%	12 6.5%	31 16.7%	1 0.5%	50 26.9%	38 20.4%	186 100.0%	
	중소도시	47 49.0%	4 4.2%	11 11.5%	2 2.1%	16 16.7%	16 16.7%	96 100.0%	
	읍면지역	9 17.0%	4 7.5%	17 32.1%	1 1.9%	12 22.6%	10 18.9%	53 100.0%	
	계	256 34.3%	37 5.0%	105 14.1%	7 0.9%	172 23.1%	169 22.7%	746 100.0%	

한달평균소득	200만원 미만	42 34.7%	8 6.6%	19 15.7%	2 1.7%	25 20.7%	25 20.7%	121 100.0%	26,699 (.144)
	200–299 만원	68 36.4%	8 4.3%	26 13.9%	3 1.6%	37 19.8%	45 24.1%	187 100.0%	
	300–399 만원	50 33.6%	8 5.4%	25 16.8%	2 1.3%	29 19.5%	35 23.5%	149 100.0%	
	400–499 만원	49 43.4%	4 3.5%	17 15.0%	0 0%	28 24.8%	15 13.3%	113 100.0%	
	500만 원 이상	41 25.5%	9 5.6%	18 11.2%	0 0%	49 30.4%	44 27.3%	161 100.0%	
	계	250 34.2%	37 5.1%	105 14.4%	7 1.0%	168 23.0%	164 22.4%	731 100.0%	
자녀유무	있다	217 34.4%	32 5.1%	95 15.1%	6 1.0%	143 22.7%	138 21.9%	631 100.0%	4.256 (.513)
	없다	41 35.0%	5 4.3%	10 8.5%	1 0.9%	29 24.8%	31 26.5%	117 100.0%	
	계	258 34.5%	37 4.9%	105 14.0%	7 0.9%	172 23.0%	169 22.6%	748 100.0%	

5) 교회가 입시위주의 교육풍토에 영향을 미칠 수 있는지에 대한 생각

교회가 입시 위주의 교육풍토에 영향을 미칠 수 있는지에 대해 어떻게 생각하는지 묻는 질문에 60.2%의 응답자가 점차적으로 한국 교육문화에 영향을 줄 것이라고 생각하는 것으로 나타났다. 19.4%가 현실 사회가 바뀌지 않는 한 불가능할 것이라고 응답하였고, 10.5%가 교회 어른들의 교육 가치관 변화가 필요하다고 응답하였고, 7.0%가 교회와 입시교육은 별개의 문제라고 생각하는 것으로 나타났다.

남성들이 '현실사회가 바뀌지 않는 한 불가능하다', '교회와 입시교육은 별개의 문제다'라는 응답이 여성보다 많은 반면, 여성은 '점차적으로 한국 입시교육 문화에 영향을 미칠 수 있다'고 응답하는 비율이 남성보다 많아, 남성들이 약간 회의적인 생각을 갖고 있는 반면, 여성들은 교회가 입시문화 개선에 영향을 미칠 수 있다는 긍정적인 생각을 더욱 많이 갖고 있는 것으로 나타났다.

<표 48> 교회가 입시 위주 교육풍토에 미치는 영향

구 분	현실 사회가 바뀌지 않는 한 불가능	교회 어른들의 교육 가치관변화	점차적으로 한국 입시 교육문화에 영향	교회와 입시 교육은 별개의 문제임	기타	합 계	결측치
빈도(명)	149	81	463	54	22	769	45
비율(%)	19.4	10.5	60.2	7.0	2.9	100.0	

[그림 20] 교회가 입시 위주 교육풍토에 미치는 영향

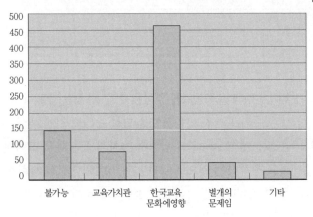

빈도(명)

<표 49> 교회가 입시 위주 교육풍토에 미치는 영향

배경변인	정도	현실사회가 바뀌지 않는 한 불가능	교회 어른들의 교육가치관 변화	점차적으로 한국교육 문화에 영향	교회와 입시 교육은 별개 의 문제임	기타	계	x^2 (p)
성별	남자	55 22.4%	24 9.8%	136 55.3%	28 11.4%	3 1.2%	246 100.0%	16.353 (.003)
	여자	94 18.0%	57 10.9%	325 62.4%	26 5.0%	19 3.6%	521 100.0%	
	계	149 19.4%	81 10.6%	461 60.1%	54 7.0%	22 2.9%	767 100.0%	
연령	29세 이하	12 26.1%	7 15.2%	20 43.5%	2 4.3%	5 10.9%	46 100.0%	

연령	30세~39세 이하	38	26	130	13	5	212	23.565 (.099)
		17.9%	12.3%	61.3%	6.1%	2.4%	100.0%	
	40세~49세 이하	63	33	200	23	6	325	
		19.4%	10.2%	61.5%	7.1%	1.8%	100.0%	
	50세~59세 이하	32	13	105	16	6	172	
		18.6%	7.6%	61.0%	9.3%	3.5%	100.0%	
	60세 이상	4	2	6	0	0	12	
		33.3%	16.7%	50.0%	0%	0%	100.0%	
	계	149	81	461	54	22	767	
		19.4%	10.6%	60.1%	7.0%	2.9%	100.0%	
교육 수준	중학교 졸업 이하	10	4	23	3	1	41	14.689 (.548)
		24.4%	9.8%	56.1%	7.3%	2.4%	100.0%	
	고등학교 졸업	40	22	132	18	8	220	
		18.2%	10.0%	60.0%	8.2%	3.6%	100.0%	
	전문대 졸업 대학중퇴/ 재학	27	11	88	5	1	132	
		20.5%	8.3%	66.7%	3.8%	0.8%	100.0%	
	대학교 졸업	48	36	159	22	11	276	
		17.4%	13.0%	57.6%	8.0%	4.0%	100.0%	
	대학원 이상	24	8	56	6	1	95	
		25.3%	8.4%	58.9%	6.3%	1.1%	100.0%	
	계	149	81	458	54	22	764	
		19.5%	10.6%	59.9%	7.1%	2.9%	100.0%	
거주 지역	서울/ 광역시	82	29	269	31	15	426	28.146 (.005)
		19.2%	6.8%	63.1%	7.3%	3.5%	100.0%	
	수도권 신도시	36	33	107	11	5	192	
		18.8%	17.2%	55.7%	5.7%	2.6%	100.0%	
	중소도시	25	8	53	8	2	96	
		26.0%	8.3%	55.2%	8.3%	2.1%	100.0%	
	읍면지역	6	11	32	4	0	53	
		11.3%	20.8%	60.4%	7.5%	0%	100.0%	
	계	149	81	461	54	22	767	
		19.4%	10.6%	60.1%	7.0%	2.9%	100.0%	
한달 평균 소득	200만원 미만	20	10	82	6	8	126	17.078 (.381)
		15.9%	7.9%	65.1%	4.8%	6.3%	100.0%	
	200-299 만원	40	18	109	17	4	188	
		21.3%	9.6%	58.0%	9.0%	2.1%	100.0%	
	300-399 만원	32	18	96	7	4	157	
		20.4%	11.5%	61.1%	4.5%	2.5%	100.0%	
	400-499 만원	26	12	71	8	3	120	
		21.7%	10.0%	59.2%	6.7%	2.5%	100.0%	
	500만원 이상	27	21	96	15	2	161	
		16.8%	13.0%	59.6%	9.3%	1.2%	100.0%	
	계	145	79	454	53	21	752	
		19.3%	10.5%	60.4%	7.0%	2.8%	100.0%	
취학 자녀 유무	있다	127	67	386	48	13	641	10.931 (.027)
		19.8%	10.5%	60.2%	7.5%	2.0%	100.0%	
	없다	22	14	77	6	9	128	
		17.2%	10.9%	60.2%	4.7%	7.0%	100.0%	
	계	149	81	463	54	22	769	
		19.4%	10.5%	60.2%	7.0%	2.9%	100.0%	

V. 논의 및 결론

지금까지 입시제도가 한국 교회 교인들에게 미치는 실태를 분석하고 한국 교인들의 입시에 대한 이해를 살펴보았다. 연구 결과를 정리하면 다음과 같다.

첫째, 한국 교회 교인들은 우리나라 초·중등 학교교육에 대하여 대체적으로 보통 이하의 낮은 점수를 주고 있는 것으로 나타났다. 학교 교육과 교원에 대한 불만족은 사교육에 대한 기대와 더불어 사교육이 증가하는 주요 요인으로 작용하고 있다. 이 점에 있어서 교인들과 일반 학부모와의 차이는 거의 없는 것으로 나타났다.

많은 한국 교회 교인들은 교육을 고통으로 이해하고 있다. 미흡한 학교교육, 갈수록 증대되는 사교육 환경, 잘못된 교육정책, 그릇된 학부모의 가치관이 복합적으로 작용하여 교육을 고통으로 몰아가고 있다고 생각하고 있다. 한국 교육의 구조적인 문제점들 때문에 교회와 교인이 한국교육의 개선에 기여할 수 있는 가능성은 제한적이라고 생각하고 있다. 주목할 점은 과반수의 한국 교회 교인들이 교육을 동시에 희망이라고 보고 있다는 것이다. 교육정책과 학부모의 교육적 가치관이 개선되면 한국 교육에서 희망을 찾을 수 있다고 보고 있다는 점이다.

둘째, 자녀교육의 목적, 성공 및 출세 요인, 희망교육 수준, 자녀의 진로 결정 등 교육적 가치관에서 교회 교인들은 일반 학부모들과 유사한 특성을 지니고 있는 것으로 나타났다. 그러나 자녀교육의 목적에서 신앙적인 가치를 더 높이 두는 점, 희망교육 수준이 일반 학부모보다 높은 점 등에서 일반 학부모와 차이를 발견할 수 있다. 즉, 교회 교인들은 교육을 이해하는 데에 있어서 세속적 가치관과 동시에 종교적 가치관에 영향을 많이 받고 있는 것을 확인할 수 있다. 이 점은 한편으로 세속 사회에서 사는 교인들에게서 나타나는 당연한 현상이라고 해석할 수 있지만, 다른 한편으로 이중적 가치관 속에서 갈등을 겪게 되는 요인이 될 수도 있다는 것을 의미한다. 그리고 희망 교육수준에서 확인할 수 있는 바와 같이, 교회 교인들은 일반인들보다 교육과 고학력을 더욱 강조하고 있다는 점을 알 수 있다. 교육에 대한 기대가 그만큼 크다는 점을 의미한다.

셋째, 한국 교회 교인들의 신앙교육 실태를 살펴볼 때, 교인 자녀들의 신앙교육이 매우 미흡하다는 것을 확인하게 된다. 가정에서의 신앙교육은 거의 이루어지지 않고 있고, 교회학교에 의존하는 것으로 나타났다.

넷째, 한국 교회 교인들의 기독교적 가치관을 살펴볼 때, 한국 교회 교인들은 교회가 한국 사회 및 교육의 개선에 기여할 수 있다는 희망과 믿음을 갖고 있는 것으로 나타났다. 그것을 위해서는 자녀들을 기독교적 가치관으로 무장시키는 것이 우선적으로 중요하다고 보고 있다. 또한 교회에서는 교육현실에 대한 보다 적극적인 관심을 표명하고, 교인들이 올바른 신앙자세를 갖도록 노력하고, 교인들이 올바른 교육적 가치관을 정립하도록 도와주어야 한다고 보고 있다. 현재와 같은 교회에서의 소극적 입시 준비 교육에서 탈피하여 보다 적극적인 관심과 노력이 필요하다는 점을 강조하고 있다.

연구결과를 정리하여 볼 때, 두 가지 점에서 시사 하는 바를 찾을 수 있다. 첫째로, 한국 교회 교인들의 이중적인 가치관을 확인할 수 있다는 점이다. 학교교육에 대한 이해, 입시 준비 교육 등 교육행태에 있어서 한국 교회 교인들과 일반 학부모와의 차이점은 거의 확인되지 않고 있다. 오히려 교회 교인들이 일반인들보다 희망 교육 수준이 높다는 측면에서 볼 때, 대입시에 대한 관심과 투자는 더 높을 것이라고 추정할 수 있다. 그러나 교회 교인들은 자녀 교육의 목적 가운데 가장 중요한 것이 신앙인 양성이라고 답하고 있다. 이러한 응답에 대해서는 좀 더 면밀히 검토가 필요하다. 신앙인 양성을 위하여 일반인보다 높은 고학력을 추구하고, 대입 준비에 일반 학부모와 유사한 정도의 적극성을 보인다는 것은 상식적으로 납득하기 어렵다.

설문 결과를 기초로 판단하여 볼 때, 다음과 같은 해석이 가능하다고 본다. 교회 교인들이 자녀를 교육시키는 궁극적인 목적 또는 희망적인 목적은 신앙인 양성이라고 볼 수 있다. 그러나 그들은 동시에 세속 사회에서 성공하고 출세하는 것을 중시하고 있다고 볼 수 있다. 즉, 교회 교인들은 세속적 가치관과 종교적 가치관 모두에 영향을 받고 있다는 것이다. 그리고 적어도 대입시 준비 교육과 관련하여서는 종교적 가치관 보다는 세속적 가치관에 영향을 더 받고 있다고 해석할 수 있다. 다른 말로 표현하면, 대입시 준비에서 일반인들과 교인들의 차이를 발견할 수 없다는 것과 더불어, 희망 교육 수준을 고려하면, 교인들 가정의 경우 대입시 준비 교육이 더욱 강도 높게 이루어질 개연성이 충분하며, 교인 자녀들의 입시 고통이 더욱 클 수 있다는 해석이 가능하다는 것이다.

둘째로, 한국 교회 교인들이 올바른 교육가치관을 정립하도록 한국 교회가 관심을 갖고 노력할 필요가 있다는 점이다. 한국 교회 교인들은 한국 교육의 문제를 문화적 문제, 구조적 문제, 가치관 문제로 인식하고 있다. 한국 교육 문제를 한국인의 교육에 대한 지나칠 정도의 열정, 잘못된 교육정책과 미흡한 학교교육, 어른들의 잘못된 교육가치관이 복합적으로 만들어낸 결과로 인식하고 있다. 교회 교인들은 이러한 문제에 대한 개선에 한편으로는 회의적이지만, 다른 한편으로는 기대 섞인 희망을 갖고 있다. 그 기대와 희망을 교회와 신앙교육에서 찾고 있다.

한국 교회는 지금까지 교회교육은 강조하였으나, 현실 교육 문제에 관심을 덜 기울여 왔다. 한국 교회 교인들이 매일 겪고 있는 교육 문제를 등한시 하여 왔다. 그 결과 교회 교인들의 교육에 대한 가치관과 교육방법은 일반인들과 거의 차이가 없는 수준이 되었고, 교인 자녀들은 일반 자녀들과 똑같은 교육 고통 속에서 살고 있다. 입시 위주 교육 풍토에서 교인들과 자녀들의 삶은 황폐화, 피폐화 되고 있다.

설문조사 결과를 살펴보면, 한국 교회 교인들은 교회가 이러한 현실 문제에 더욱 적극적인 관심을 갖고 문제 해결에 노력해 주길 기대하고 있다. 교인들은 교회가 그러한 노력을 기울일 때 실제로 한국 교육 현실이 개선되는 데 기여할 수 있다고 믿고 있다. 주목할 것은 교인들이 한국 교육의 개선을 위하여 우선적으로 바뀌어야 할 것 가운데 교육정책 다음으로 어른들의 교육적 가치관을 들고 있다는 점이다. 그리고 그러한 교육적 가치관이 신앙자세의 변화와 신앙교육을 통하여 변화 가능하다고 보는 점이다. 바로 여기에서 교회의 역할을 기대할 수 있다. 교육의 제도적 측면은 정부와 교육기관의 노력에 의하여 변화 가능한 것이지만, 교육적 가치관은 교육당국의 노력으로 변화시키기 어려운 것이다. 이 부분에서 한국 교인들부터 변화가 있기 시작하면 한국 교육 문제 개선에 크게 기여할 수 있을 것이라 생각한다. 한국 교회 교인들은 바로 이 점의 변화에 기대를 걸고 있고 교회가 그것을 담당해 주길 원하고 있는 것이다.

교인들의 삶을 돌보는 것이 교회의 주요 과제라는 점을 인정한다면, 한국 교회는 한국 교육 문제에 보다 적극적인 입장을 취해야 할 것이라고 생각한다. 그동안의 소극적인 입장에서 벗어나 적극적으로 교육문제에 대처해 나가고, 교인들이 교육문제에 영향 받음 상태에서 벗어나 영향 미침의 상태로 변화될 수 있도록 노력하여야 한다고 생각한다. 그리하여 종국적으로 한국 입시제도, 입시 문화의 긍정적 변화를 이끌어내고, 한국 교육 문화의 개선에 기여하여야 한다고 생각한다. 그것이 이 시대 한국 교회에 주어진 사명이라는 인식이 필요하다.

한국 교회가 한국 교육의 긍정적 변화에 기여하기 위해서는 다음과 같은 노력이 필요하다고 생각한다. 첫째, 관련 연구가 필요하다. 대학입시 등 한국교육이 교회 교인들과 자녀들에게 미치는 영향을 구체적이고 상세하게 분석하는 연구, 한국 기독교인들이 겪고 있는 교육문제에 대한 실태 파악 및 교인들의 생각과 기대에 대한 요구분석(need assessment) 등의 연구가 필요하다. 둘째, 위와 같은 연구를 기초로 대안을 마련하여야 한다. 기존 교회교육에 대한 점검 및 평가, 기독교인 가정교육에 대한 적극적 관심과 지원, 교인들의 기독교적 교육 가치관 정립을 위한 대안을 하나씩 마련해 갈 필요가 있다.

참고 문헌

김양분 외 (2003). 『학교 교육 수준 및 실태 분석 연구 : 고등학교』, 한국교육개발원.

김양분 외 (2004). 『학교 교육 수준 및 실태 분석 연구 : 중학교』, 한국교육개발원.

김양분 외 (2005). 『학교 교육 수준 및 실태 분석 연구 : 초등학교』, 한국교육개발원.

박효정 외 (2003). 『한국 중등학생의 생활 및 문화 실태 분석 연구』, 한국교육개발원.

현주 외 (2003). 『한국 학부모의 교육열 분석 연구』, 한국교육개발원.

자녀교육에 대한 여론조사

안녕하십니까?

우리나라에서 교육은 언제부터인지 희망이기보다는 고통이 되고 있습니다. 입시교육의 풍토에서 학생과 학부모가 큰 고통을 받고 있습니다. 이 점은 교회를 다니고 있는 학생과 학부모에게도 해당됩니다. 저희 기독교학교교육연구소에서는 이 문제에 적극적으로 대처하기 위하여 3년에 걸친 연구 프로젝트를 수행하고 있습니다. 연구의 일환으로 교회에 출석하는 성도님들의 의견을 수렴하고자 합니다.

바쁘시겠지만 여러분의 응답이 향후 기독교적 관점에서 한국교육 문제를 진단하고 해결책을 모색하는데 큰 영향을 미치게 됨을 감안하시어 조사에 적극적인 협조를 부탁드립니다.

본 연구의 자료는 그 익명성이 보장되며, 오직 연구 목적으로만 활용할 것을 약속드립니다.

2007년 7월

기독교학교교육연구소 소장 박상진

❖ **기초 자료 질문** ❖

1. 성별 ① 남성 ② 여성

2. 연령 만_____세

3. 교육수준
① 무학 ② 초등(국민)학교 졸업 ③ 중학교 졸업 ④ 고등학교 졸업
⑤ 전문대 졸업, 대학중퇴, 대학재학 ⑥ 대학교 졸업 ⑦ 대학원 이상

4. 거주 지역
① 서울특별시 ② 광역시(부산/대구/인천/광주/대전/울산)
③ 수도권 신도시 ④ 중소도시 ⑤ 읍/면 지역

5. 한 달 평균 가구 총소득
① 100만원 미만 ② 100-199만원 ③ 200-299만원 ④ 300-399만원
⑤ 400-499만원 ⑥ 500-999만원 ⑦ 1,000만 원 이상

6. 학교에 다니는 자녀가 있습니까?
① 있다 남 _____ 명, 여 _____ 명
② 없다

7. 자녀의 학교 급은? (자녀 수 대로 모두 표시해 주십시오)
① 미취학 유아나 아동( )명
② 유치원(어린이집, 유아원, 학원 등 포함) 아동( )명
③ 초등학교( )명 ④ 중학교( )명

⑤ 일반계 고등학교( )명 ⑥ 특목고(과학고, 외고, 자사고, 예술고 등)( )명

⑦ 실업계 고등학교(종합고 포함)( )명 ⑧ 전문대학( )명

⑨ 4년제 대학교( )명 ⑩ 대학원 이상( )명

❖ 학교 교육에 관한 질문 ❖

8. 학생들의 학업성적을 평가하기 위해서 학생들에게 '수, 우, 미, 양, 가'의 형태로 성적을 매기기도 합니다. 현재 우리나라의 초·중·고등학교를 이와 같은 방식으로 평가한다면 어떤 성적을 주시겠습니까?

① 수(매우 잘함) ② 우(어느 정도 잘함) ③ 미(보통)

④ 양(별로 못함) ⑤ 가(전혀 못함) ⑥ 잘 모르겠음

9. 현재 우리나라 초·중·고등학교의 교사들은 자신들의 역할을 얼마나 잘 수행하고 있다고 생각하십니까?

① 매우 잘함 ② 어느 정도 잘함 ③ 보통

④ 별로 못함 ⑤ 전혀 못함 ⑥ 잘 모르겠음

10. 우리나라의 교육(학교교육, 사교육) 현실에 대하여 학부모로서 어떻게 생각하십니까?

① 희망이요 기쁨이다 ② 고통이다

③ 희망인 동시에 고통이다 ④ 희망도 고통도 아니다

11. 우리나라의 사교육(학원, 과외, 학습지, 인터넷 강의 등)은 앞으로 어떻게 변화할 것이라고 생각하십니까?

① 줄어들 것이다 ② 현재와 비슷할 것이다

③ 늘어날 것이다 ④ 잘 모르겠다

12. 한국교육이 긍정적으로 변화하기 위해서는 무엇이 우선적으로 바뀌어야 한다고 생각하십니까?

① 교육정책 ② 학교와 교사

③ 학부모의 가치관 ④ 교회와 교인

❖ **자녀교육에 관한 질문** ❖

13. 자녀를 교육시키는 가장 중요한 목적은 무엇입니까? (자녀가 없는 경우, 한국교회 성도들이 자녀를 교육시키는 가장 중요한 목적이 무엇이라고 생각하십니까?)

첫 번째 목적 _____ 두 번째 목적 _____

① 덕이 있는 사람이 되게 한다 ② 나라를 발전시킬 인재를 기른다

③ 좋은 경험을 통해서 행복한 생활을 하게 한다

④ 성공 또는 출세할 수 있는 기초를 닦아 준다

⑤ 하나님을 잘 믿는 신앙인으로 키운다

⑥ 각 영역에서 기독 전문인, 지도자를 기른다

14. 우리나라에서 개인이 성공 또는 출세하는 데에는 다음 중 어느 요인이 가장 크게 영향을 미친다고 생각하십니까? 하나만 선택하여 주십시오.

① 성실성과 노력 ② 가정 배경 ③ 운수와 기회 ④ 타고난 능력

⑤ 학벌(출신 대학)과 연줄(인맥) ⑥ 신앙 ⑦ 기타_____

15. 귀하는 자녀가 어느 수준까지 공부하기를 원합니까?

① 중학교 ② 고등학교 ③ 전문대학(2-3년제) ④ 대학교

⑤ 대학원 석사과정 ⑥ 대학원 박사과정 ⑦ 잘 모르겠다

16. 자녀의 진로를 결정할 때, 누구의 의견을 가장 중요하게 생각하십니까?

① 자녀 본인 ② 부모님(나) ③ 학교 교사 ④ 학원(과외) 교사

⑤ 진로상담 전문가 ⑥ 목사 ⑦ 교회학교 교사 ⑧ 기타_____

17. 자녀가 현재 과외학습(개인과외, 그룹과외, 학원 수강, 학습지, 통신 및 인터넷 과외)을 하고 있습니까?

① 예 ② 아니오

18. 자녀의 과외비로 지출되는 총비용은 월 평균 얼마입니까?

월 _____ 만원

※ 교회 및 교회교육에 관한 질문 ※

19. 자녀가 현재 교회학교에 다니고 있습니까?

① 있다 ② 없다

20. 교회학교 교육에 대하여 만족하십니까?

① 만족 ② 불만족 ③ 모르겠음

21. 자녀가 한국사회에 공헌할 수 있는 기독인으로 살아가기 위하여 교회학교에서 강조하여야 할 것은 무엇이라고 생각하십니까?

① 성경 지식 ② 입시 준비

③ 인격 도야 ④ 기독교적 가치관 정립

⑤ 기타 (_____)

22. 가정에서 가족예배를 드립니까?

① 드리지 않는다 ② 가끔 드린다(1년에 1-3회) ③ 한 달 1-3회 정도 드린다

④ 자주 드리는 편이다(한 달 4회 이상) ⑤ 매일 드린다

23. 1주일에 자녀와 신앙적인 대화를 하는 시간이 얼마나 됩니까?

① 없다(거의 없다) ② 0-1시간 ③ 1-3시간 ④ 3시간 이상

24. 교회가 한국교육을 긍정적으로 변화시키는데 기여할 수 있다고 생각하십니까?

① 있다 ② 없다

25. 한국교육이 긍정적으로 개선되기 위해서는 교회에서 무엇을 강조해야 한다고
생각하십니까?

① 교인들의 신앙자세 ② 교인들의 교육적 가치관

③ 교회교육 ④ 한국 교육현실에 대한 기독교적 관심

26. 우리 교회에서는 입시를 위해 어떻게 준비하고 있습니까?

① 수능 대비 특별 기도회를 실시한다.

② 수험생들을 위한 다양한 프로그램 실시하여 학업 증진에 도움을 준다.

③ 특별한 준비를 하고 있지 않다.

④ 수험생들의 교회 활동을 자제시키고 있다.

⑤ 공부(대학 입시)의 목적, 의미 등을 알려준다.

⑥ 잘 모르겠다.

27. 교회가 입시 위주 교육의 한계를 극복하는 기독교 교육을 실천한다면, 입시 위
주의 교육풍토에 어떠한 영향을 미칠 것이라 생각하십니까?

① 현실 사회가 바뀌지 않는 한 불가능하다.

② 교회 어른들의 교육적 가치관을 변화시킬 수 있다

③ 교회부터 시작하여 점차적으로 한국교육과 입시문화의 변화에 영향력을 미칠

수 있다.

④ 교회와 입시 교육과는 별개의 문제이다.

⑤ 기타( )

기독교학교의
교육목표와 대학입시

강영택 교수

고려대학교(B.A.)
연세대학교교육대학원(M.Ed)
미국 칼빈신학대학원(M.Ed.)
미시간 주립대학교(Ph.D.)
장로회신학대학교 강사
독수리교육공동체 기독교학교연구소 책임연구원
현 우석대 교육학과 교수
현 기독교학교교육연구소 연구교수

기독교학교교육연구소

기독교학교의 교육목표와 대학입시[*]

강영택 교수 | 우석대 교육학과, 기독교학교교육연구소 연구교수

I. 서론

최근 들어 기독교학교[2)]에 대한 관심이 점증하고 있다. 공교육에 대한
위기의식으로 기독교대안학교가 급격하게 생겨나고 있으며[3)], 사립학교법의
재개정 문제로 기독교사학들의 학교 정체성의 재확립에 대한 논의가 중요하
게 대두되고 있다 (박상진, 2007; 신기영, 2007). 이러한 시점에서 기독교학
교들이 추구하는 교육목표가 무엇이며, 다른 학교들과의 교육적 차별성은
무엇인지 살펴볼 필요가 있다. 그런데 기독교학교의 교육적 특징을 탐구함에
있어 간과할 수 없는 요소가 대학입시이다. 대학입시는 한국의 초중등 학교
교육에 가장 큰 영향을 주는 요소이다. 학교가 공립이든, 사립이든, 대안학
교든 할 것 없이 학교가 한국에 있는 한 대학입시로부터 자유로울 수 없다.
그래서 대학입시 정책의 변화가 학교교육에 어떤 영향을 주는지는 많은 연
구자들의 관심사이기도 하다 (양승실, 2003). 그런데 지금까지 기독교학교

---

[*] 이 논문은 〈신앙과 학문〉 12권 3호 (207.12)에 게재된 내용임
[2)] 이 논문에서 기독교학교라는 용어는 미션 사립학교와 기독교대안학교를 모두 포함하는 개념으로 사용
된다.
[3)] 이에 대한 자세한 내용은 기독교학교교육연구소 (2007)를 참조하라.

에 대한 연구에서 학교교육과 대학입시와의 관계에 대한 연구가 별로 없는 실정이다. 우리나라의 상황에서 대학입시라는 요소를 배제한 기독교학교에 대한 연구는 학교교육을 온전히 밝혀내는 연구가 되기 어렵다.

그러므로 본 연구가 목적하는 바는 기독교학교들이 추구하는 교육목표가 대학입시라는 요소와 어떤 관계를 갖고 있는지를 탐구하는 것이다. 이를 위해 본 연구는 기독교학교에서 공식적으로 표방하는 교육목표가 무엇인지를 파악하고, 그 학교의 학생, 교사, 행정가들이 학교의 실제 교육목표를 어떻게 인식하고 있는지, 그리고 실제 학교교육이 어떻게 시행되고 있는지를 살펴볼 것이다. 이와 동시에 기독교학교의 실질적인 교육목표의 형성에 대학입시가 어떤 영향을 주고 있는지를 탐구하는 것 역시 중요한 연구과제이기도 하다. 다시 말해 대학입시라는 요소와 기독교학교의 교육활동 사이에서 일어나는 상호작용의 역동성을 연구하겠다는 것이다. 이러한 연구 목적을 수행하기 위해 본 연구는 다음과 같은 두 가지 연구 질문들을 갖는다.

1) 기독교학교가 표방하는 교육목표와 실제 학교교육 (교육과정, 교실 수업, 학교행정 등)에서 발견되는 실질적인 교육목표는 무엇인가?
2) 기독교학교에서 추구하는 교육목표와 입시 준비 교육은 상호간에 어떤 영향 관계에 있는가?

이 연구를 위해 세 개의 기독교학교들을 대상으로 사례연구를 실시했다. 두 개의 미션 사립학교들과 한 개의 기독교대안학교를 대상으로 한 질적 연구이다. 각 학교의 교사, 학생, 학부모들과의 심층면담과 수업, 채플, 학생 자치활동 등의 관찰이 주요 방법으로 채택되었다. 이 연구를 통해 궁극적으로 의도하는 바는 기독교학교들이 그 정체성을 바르게 확립하여 그 학교에 맡겨진 사명을 잘 감당할 수 있는 기반을 제공하자는 것이다. 이를 위해서 학교들이 공통적으로 직면해있는 대학입시의 문제를 기독교적으로 이해하고 수용하는 것이 필수적이라는 생각으로 이 연구를 수행하게 되었다.

Ⅱ. 문헌 연구

　대학입시가 한국의 학교교육에 미치는 영향에 대한 논의는 지금껏 활발하게 진행되어왔다. 정범모(1993)는 해방이후 한국교육을 실질적으로 지배했던 것은 진보주의나 본질주의와 같은 교육철학이나 이념이 아니라 입시준비 교육이었다고 주장한다. 그는 입시준비 교육이 교육을 전면적으로 파탄에 빠트려 현재 학교에는 입시준비 교육 철학만 남아있을 뿐 교육본연의 이념은 사라지고 있으며, 전인교육 역시 말로만 남아있을 뿐이라고 지적한다. 이영호(2002) 역시 입시준비 교육으로 인해 우리나라 학교에서 교육문화의 심각한 왜곡 현상이 나타났음을 비판한다. 그는 고등학교 학생 뿐 아니라 초등학생과 중학생까지도 학력, 학벌 획득을 위한 대학입시에서의 성공을 지상최대의 과제로 받아들이고 입시 위주의 교육에 적극 동참하여 점수따기 위주 학습에 매달려오고 있는 현실을 지적한다. 입시 준비교육이 학교에서 실제 전인교육에 어느 정도 방해가 되는지에 대한 한 실증적 조사에서 '입시 위주의 지식중심 교육'이 '전인교육 실현을 위한 실천계획과 방법의 빈약'(9.4%), '교직원 신념 부족'(4.9%), '교육과정이 전인교육면에서 부적당하게 편성'(4.4%)이라는 현실적인 문제들보다 훨씬 높은 비율 (79.6%)로 전인교육에 장애가 되고 있음이 밝혀졌다 (대한사립중고등학교장회, 1987). 강영혜 외(2005)는 전국 11개 고등학교에 대한 참여관찰에서 수업의 질을 결정하는 주요 요인으로 고교평준화 제도로 인한 동질적인 학생구성 여부나 학교의 위치, 학생들의 사회경제적 배경 등이 아니라 대학입시임을 확인했다. 즉, 대부분 학교에서는 입시경쟁의 부담으로 수업 시간에 학생들의 고차적인 사고력이나 문제해결력, 창의적 표현력을 향상시킬 수 있는 다양한 수업

방식보다는 짧은 시간에 많은 내용을 전달하는 교사 중심의 강의식 수업으로 대부분 진행하고 있음을 지적했다.

우리나라 고등학교에서의 입시 위주 교육의 실상에 대한 연구는 강무섭 외(1990; 1992a; 1992b)의 교육개발원 3개년 연구에서 체계적으로 이루어졌다. 그 연구에 따르면 학교교육의 목표, 교육과정의 편성 및 운영, 수업 내용 및 방법, 그리고 학교문화 등이 입시 위주 교육의 강한 영향력으로 편향적으로 나타나고 있음이 여실히 드러나고 있다. 대다수의 교사와 학생들이 민주시민교육, 일반교양교육 등의 전인교육이 학교교육의 바람직한 목표라고 생각하면서도 학교에서 실제로 추구되고 있는 교육목표가 무엇인가라는 질문에 93% 이상의 교사와 학생들이 진학준비 교육이라고 응답하고 있다 (강무섭 외 1990). 교육과정의 운영에 있어서도 '비입시 과목의 축소'나 '교과진도의 속성화' 같은 현상이 나타나고 있으며 수업 내용은 거의 교과서에 의존하고 있는 것으로 보고되고 있다. 수업 방식에서도 '교과서 내용의 명확한 설명' (5단계 척도에서 4.21)은 비교적 잘 이루어지는 반면 '학습부진 학생의 보충지도' (2.29)라든지 '소집단 편성에 의한 협동학습 기회 제공' (2.19)등은 매우 낮은 수준을 보여주고 있다. 이러한 현상들은 분명히 입시 위주 교육의 결과라 할 것이다. 학교의 운영 방침이나 학생의 가장 큰 고민 등과 같은 학교의 문화면에서도 학업과 입시는 매우 큰 영향을 주고 있다고 보고하고 있다.

기독교학교 교육과 입시준비 교육의 상관관계에 대한 연구는 지금까지 매우 미약하게 이루어져 왔다. 이에 대한 논의는 주로 기독교학교가 일반학교들과 본질적 차별성이 없음을 비판하는 것에 모아지고 있다. 김선요(2004)는 기독교학교들이 외형상 기독교적인 모습을 보이지만 내면에서는 "전쟁터를 방불케 하는 입시교육"에 치중하여 기독교학교로서의 정체성을 상실한지 오래라고 지적한다. 양금희(2000) 역시 기독교학교들이 입시 위주

학교교육의 틀에서 벗어나지 못하고 있다고 지적하면서, 기독교학교에서 이루어지는 기독교교육은 일주일에 한 번 있는 예배와 종교과목 수업으로 간신히 그 명맥을 유지하고, 그 외에는 일반학교와 똑같이 입시 위주의 교육을 하고 있다고 비판하였다. 박봉목(2004) 또한 기독교학교에서 대학입시 준비로 인한 성과위주의 주입식 학교교육으로 기독교적 인간교육이 점차 희석되어 간다고 말한다. 정희영과 정희정(2005)은 한국의 기독교학교의 현황에 대한 실증적인 연구를 통해 기독교학교의 교육과정이 대학입시 준비와 깊은 관련을 갖고 있음을 보여주면서 기독교학교 발전의 장애요인으로 대학과의 연계성 부족, 기독교학교에 대한 인식 부족, 기독교교사의 준비부족, 교육과정 연구의 미흡과 더불어 성공지향적 대학입시 제도를 들고 있다.

기독교학교의 정체성에 대한 연구는 최근 들어 활발하게 이루어져오고 있다. 고용수(2004)는 기독교학교들이 인본주의적 교육과정에 성경과목을 하나 더하고, 채플 프로그램을 만들어 학생들로 하여금 의무적으로 출석하게 하는 것으로는 기독교학교의 정체성을 분명히 세우기 어렵다고 강조한다. 그에 따르면 하나님나라의 구현을 위해 세우신 하나님의 도구인 기독교학교는 학생 한 명 한 명을 하나님의 형상대로 회복해야 하는 개인 회복의 사명과 성경적 가치관을 문화 속에 담아야하는 문화 창달의 책임을 수행해야 한다고 한다. 손원영(2007)은 현재 우리나라의 기독교학교들이 직면한 갈등적 상황을 진단하고 기독교학교에서의 기독교교육의 새로운 방향으로 '영성교육적 종교교육'을 제시하였다. 그가 주장하는 영성교육적 모형은 '비판적 성찰을 통한 종교적 깨달음'과 인간, 자연, 신의 연결과 인간에서 영혼과 육체의 연결을 중시하는 '통전성의 영성 지향'과 낯선 타자에 대한 '환대의 영성 지향'을 갖는 것이다. 그는 기독교학교에서 이러한 영성교육적 종교교육이 이루어질 때 학교가 기독교학교로서의 정체성을 분명히 할 수 있다고 주장한다.

박상진(2007)은 기독교학교의 정체성 재확립을 위해 평준화 교육제도의 개선과 선지원 방식의 강화 등과 같은 교육제도의 개혁 방안을 제시하는 동시에 한국교회의 역할의 중요성을 강조하였다. 즉, 한국교회는 기독교학교가 기독교교육을 제대로 할 수 있도록 지원하기 위하여 기독교교육헌장을 제정하고, 교회와 학교의 협의체를 구성하며, 기독교학교설립 운동을 위한 지원체제를 구축하는 것이 중요하다고 주장하였다. 박상진이 기독교학교의 정체성 정립을 위해 제도개선과 교회의 후원과 같은 외적 요소를 강조한데 비해 신기영(2007)은 기독교학교의 내적 개선방향을 중요시 하고 있다. 즉, 기독교학교에서 사용되는 중요한 교육적 개념들, 예를 들어 수월성, 성공, 경쟁, 성적, 명문학교 등에 대한 기독교적 재정의가 이루어져서 학교 내에서 공유되어야 한다고 주장한다. 이러한 개념들이 기독교학교의 궁극적 교육목표인 하나님나라의 구현과 관계될 때 기독교학교의 정체성은 더 분명하게 될 것이다 (존 볼트, 2006). 비슷한 맥락에서 강영택(2007)은 기독교학교들이 어려운 환경 속에서도 교육을 통해 인간의 하나님, 이웃, 자연, 자기 자신과의 조화로운 관계를 회복함으로 이 땅에 참된 평화와 정의를 실현하기 위해 꾸준히 노력해 갈 때 기독교학교의 정체성이 서서히 그러나 분명히 드러날 것이라고 말한다.

Ⅲ. 연구 방법

1. 연구방법에 대한 타당성

본 연구는 세 개의 고등학교를 대상으로 한 질적 사례 연구방법을 채택하였다. 기독교학교의 학생, 교사, 행정가들이 대학입시에 대해서 어떻게 생각하고 있으며, 실제 학교의 운영이 대학입시에 의해 어떤 영향을 받고 있는지를 분석하기 위해서는 질적 사례 연구가 적합하다. 질적 연구는 단순화와 한계설정을 최소화하고 현상의 복잡성을 최대한 있는 그대로 파악하려는 입장을 취한다(조용환, 1999). 질적 연구방법은 구체적인 현장의 맥락을 중시하며, 연구대상과의 지속적인 상호작용을 통해 상황을 총체적으로 이해하고 귀납적인 결론을 내린다. 그러므로 질적 연구는 양적 연구로는 파악하거나 분석할 수 없는 구체적인 내용들을 짚어 내는데 유용하게 사용된다. 한편 사례연구는 사건들의 관계에 대해 "왜"와 "어떻게"라는 질문을 탐구하는 목적으로 종종 사용 된다 (Yin, 2003). 사례연구에서 연구자들은 종종 사례의 특수성을 탐구할 뿐 아니라 일반화를 위한 모색도 시도한다 (Stake, 2000; Yin, 2003). 그러나 질적 연구에서 일반화의 개념은 양적 연구에서의 그것과는 다르다. 질적 연구에서는 일반화(generalization)라는 용어보다는 전이성(transferability)이나 적합성(fittingness)이란 용어를 더 선호 한다 (Lincoln & Guba, 1985). 이 연구의 일차적 목적은 세 학교의 사례들을 정확하게 탐구하는 것이다. 그러나 동시에 기대하는 것은 세 학교에 대한 탐구를 통해 우리나라 기독교학교에서 교육과 입시의 적정한 관계를 설정하는 것이다.

2. 연구 사례 학교

본 연구를 위해 세 개의 기독교 고등학교를 선택하였다. 대학입시에 대한 민감성을 고려하여 고등학교를 선정하기로 하였고, 학교운영의 자율성을 고려하여 미션 사립학교와 기독교대안학교를 나눈 뒤 미션 사립학교 2개교와 기독교대안학교 1개교를 선정하기로 하였다. 미션 사립학교 가운데는 학교선택의 자율성을 고려하여 평준화지역에서 한 학교, 비평준화지역에서 한 학교를 선정하기로 하였다. 이 범주에 해당하는 대표적인 학교들을 나열한 뒤, 그 중 가장 접근성이 용이하고, 유의미한 비교가 가능하다고 판단되는 학교들을 최종 선정하였다.

사례학교로 선정된 A고등학교는 평준화지역에 있는 미션 사립학교이다. 외국 선교사에 의해서 설립된 이 학교는 기독교학교로서의 역사가 길어서 대표적인 기독교학교로 손꼽힌다. 학교의 규모는 큰 편이며, 학생들은 선지원 후추첨 형식으로 학교에 들어오며, 입학생의 기독교인 비율은 B, C 학교에 비해 낮은 편이다. 학교의 교훈은 "기독적 인격"이며, 이를 위해 교목실에서 신앙과 관련한 많은 프로그램들을 운영하고 있다.

두 번째 사례학교로 선정된 B고등학교는 비평준화지역에 있는 기독교 미션학교로, 학교규모는 큰 편이다. 역사는 그리 길지 않지만 대표적인 기독교학교로 손꼽히며, 교회에 의해 설립되고 후원되고 있다. 지역사회로부터 좋은 학교라는 인식을 얻어 학생선발에서 치열한 경쟁이 이루어지는 편이며, 성적이 우수한 학생들이 많이 입학을 하고 있다. 입학생의 기독교인 비율은 A학교에 비해 높은 편이다.

마지막 사례학교로 선정된 C고등학교는 지방에 기숙사를 두고 있는 기독교대안학교로 특성화 고등학교라는 형태로 정부의 인가를 받은 상태이다. 독특한 학교만의 자체 교육과정을 기반으로 교육하고 있으며, 학교의 규모는 교사 19명, 학생 160명으로 작은 학교이다. 입학하는 학생들은 대다수(약 90%)가 기독교인이며, 그들의 학업능력은 과거에 비해 점차 향상되고 있다고 한다. 모든 학생은 기숙사 생활을 하며, 학생들의 자치생활을 통해 삶 속에서 신앙을 배운다.

〈표 1〉 사례 학교 요약

	A고등학교	B고등학교	C고등학교
설립유형	평준화지역 사립학교	비평준화지역 사립학교	대안학교형 특성화학교
기숙사	없음	부분	전원
학급수	39	48	8

학생수	1229	1894	160
학생선발	선 지원 후 추첨	선발시험	선발시험
학급당 평균학생수	31.5	39.5	20.0
남녀	남자	공학(분반)	공학(합반)
교원수	82	105	19
교원 1인당 학생수	15.0	18.0	8.4
교훈	기독적 인격	하나님을 경외하고 이웃을 사랑하자	진리, 사랑, 순종

3. 자료 수집 및 분석

　　연구대상 학교 후보를 결정한 뒤, 학교에 공문을 발송하여 연구 협조를 허락받았다. 본 연구는 일반적인 질적 사례 연구의 경우와 같이, 참여관찰 및 심층면담을 주요 연구방법으로 삼았고, 문서 등 기타자료 분석을 통해 미비한 자료를 보완하는 식으로 수행되었다. 각 학교에 교사와 학생 등 학교 구성원 15명 정도의 심층 면담과, 가능한 많은 수의 수업 및 각종 학교 모임의 참여관찰, 그리고 학교교육계획서를 비롯한 각종 문헌자료들을 요청하였다.

　　자료의 수집은 2007년 6월 중순부터 한 달여 사이에 각 학교에서 집중적으로 이루어졌으며, 부족한 자료는 방학이 끝난 후 9월 초에 다시 추가 수집되었다. 학교에 따라서 적극적으로 연구에 협조해 주는 경우가 있는가 하면, 수업공개를 부담스러워 하거나, 학부모 인터뷰를 힘들어 하는 경우가 있어, 학교별로 수집된 자료의 양에 차이가 생겼다. 연구진은 익명성 보장을 통해 더 깊이 있는 연구를 수행할 수 있다는 판단 하에, 학교명과 교사의 이름은 익명으로 처리하기로 하였다.

<표 2> 자료 수집의 양

		A고등학교	B고등학교	C고등학교
인터뷰	교사 인터뷰	5	5	6
	학생 인터뷰	6	5	5
	학부모 인터뷰	0	2	0
	교육행정가 인터뷰	2	3	1
참관	수업	2	5	1
	수업 외 주요 활동	0	6	1

가장 주된 자료 수집 방식으로는 심층면담이 사용되었는데, 이를 위해 학교를 방문하기 전에 구조화된 질문들을 준비하였다. 면담은 익명성을 보장하기로 약속하고 녹음기를 사용하여 녹음하였으며, 연구자들은 준비된 연구 질문지를 가지고 질문을 하면서 중간 중간 필요한 질문들이 있으면 덧붙이는 형식으로 면담을 진행하였다. 녹음된 자료는 가능한 빨리 컴퓨터를 이용하여 전사되었다.

심층면담은 주로 '학교의 교육목표가 무엇이라고 생각하는지', '그 목표가 실제로 학교 운영에 중요하게 작용 하는지', '대학입시와 학교교육목표가 동시에 추구되어질 수 있는지', '대학입시가 학교의 실제에 미치는 영향은 무엇인지', '대학입시를 기독교적으로 준비하는 방법은 무엇인지' 등의 내용으로 이루어졌으며, 심층면담 시간은 사람에 따라 다소 차이가 있었으나 어른은 50분, 학생은 30분 정도로 이루어졌다.

참여관찰 또한 주요 연구방법으로 사용되었다. 참여관찰의 장면은 수업과 수업 외 활동으로 나눌 수 있는데, 수업 외 활동으로는 주로 학교의 주요행사(입학설명회), 신앙집회(예배, 경건회 등), 학생자치 모임 등을 참관하였다. 수업시간에는 교실 제일 뒷자리에서 교사의 수업내용과 학생들의 활동을 최대한 자세히 그림 그리듯이 묘사하고, 그 속에서 '학교의 교육목표', '목표와 입시와의 관계' 등에 관련된 것을 찾아내려고 노력하였다.

학교교육계획서를 비롯한 학교의 각종 문헌자료들도 요청하여 수집하였다. 학교교육계획서는 대부분의 학교에서 형식적으로 만들어지고 있다는 비판을 받지만, 그 안에는 주요 학교현황, 학교의 교육목표 및 방침, 교육실천을 위한 세부계획, 교육계획수립의 기저에 있는 철학 등이 정리되어져 있어 학교를 이해하는데 유익한 자료로 사용된다. 이외에도 학교의 브로셔, 학교에서 사용하고 있는 자체 제작한 주요 보조교과서, 기도회의 기도제목 등의 자료들이 수집되었다.

〈표 3〉 심층면담의 주요 질문 내용

영역	주요 질문 내용
학교의 교육목표	교육목표 진술, 표방하는 목표와 실제 목표의 일치 여부 교육목표의 학교 교육과정에 대한 반영 정도 교육목표의 개별 수업활동에 대한 반영 정도 교육목표의 학교 주요 정책 결정에 대한 반영 정도
학교의 목표와 입시와의 관계	대학입시 준비와 학교교육목표 추구의 우선순위 대학입시의 교육과정 운영에 대한 영향 정도 대학입시의 개별 수업활동에 대한 영향 정도 대학입시의 학교 주요 정책 결정에 대한 작용 정도 입시 준비로 인한 스트레스 정도 대학입시 준비에 대한 기독교교육적 이해

자료의 분석은 7월 중순부터 9월 중순까지 이루어졌다. 녹음했던 자료들을 풀어 쓴 뒤, 모아진 자료들을 세밀하게 읽어 나가면서 자료로부터 최초에 가졌던 연구 질문들에 대한 답을 찾아갔다. 반복되는 용어나 개념도 표

시해 두었다. 자료에서 발견되는 패턴과 주제를 찾아서 적고 자료를 개념 범주에 따라서 묶었다. 이에 덧붙여 조용환(1999)이 제안한 바와 같이 '적절한 비유를 찾아서 표현하기', '증거들 간의 논리적 관계 설정하기', '개념적, 이론적 일관성 확보하기' 등을 고려하여 자료들을 분석하고 해석하였다. 이렇게 해석한 내용들을 9월 초순부터 보고서로 기술되었다.

4. 연구의 한계

첫 번째 연구의 한계는 진실된 자료 수집에 필요한 충분한 래포(rap-port)를 형성하지 못했다는 점이다. 공식적인 자리에서 교사나 행정가들이 드러내 보이는 학교의 모습은 피상적이고 가장된 모습일 가능성이 높기 때문에, 좀 더 심층적인 학교의 내면을 파악하기 위해서는 자료 제보자들과의 충분한 관계가 형성될 필요가 있다. 그러기 위해서는 장기간에 걸쳐 학교에 머무르면서 자료를 수집해야 하는데, 연구자들의 여건과 대상 학교의 상황이 그렇지를 못하였다. 참여관찰의 경우에도 연구자가 관찰하고 있다는 것을 거의 의식하지 못할 정도로, 평소의 상황 있는 그대로를 볼 수 있어야 하는데, 이러한 관계가 충분히 형성되어 있지 않을 때, 관찰의 대상이 되는 장면은 꾸며지거나 숨겨진 현실일 가능성이 있다. 이러한 한계는 비공식적인 모임이나 접촉을 통해서 부분적으로나마 해소할 수 있다. 그래서 연구자들은 많지는 않았지만, 되도록 비공식적인 모임이나 접촉의 빈도를 높이려는 노력도 병행하였다. 점심식사를 같이 하거나 차를 같이 마시면서 자유롭게 질문한 내용들에 대해 중요한 이야기들이 나올 때에는 기억해 두었다가 빠른 시간 내에 노트로 옮겨 적는 형식을 취하였다.

두 번째 한계는 자료수집 기간이 짧아 학교의 활동들을 충분히 관찰할 수 없었다는 점이다. 면담은 계획한대로 진행이 되었지만 학교 운영의 정신을 심도 깊게 파악할 수 있는 다양한 교육활동들을 볼 기회가 많지 않았다. 이 점은 면담을 통해 수집한 자료에 대한 정확한 분석을 하는데 어려움을 주는 요인으로 작용하였다.

세 번째 한계는 면담의 대담자들이 학교에 긍정적인 입장을 취한 사람들로 구성되었을 가능성이 있다는 점이다. 대담자 선정을 대상 학교의 교목이나 핵심교사에게 의뢰를 하였다. 연령, 성별, 교직경력, 신앙(의 열심)여부 등에서 다양한 구성으로 대담자를 추천해 줄 것을 요청하였지만 학교의 부정적 이미지를 염려하여 일방적인 대담자가 선정된 측면이 있다. 접근성이 용이한 대상 학교의 경우는 다양한 학교 구성원들과의 비공식 면담을 통해 이 한계를 어느 정도 보완할 수 있었지만, 물리적으로 멀리 위치한 학교의 경우는 한계를 그대로 남겨둘 수밖에 없었다.

IV. 연구 결과

1. A고등학교

1) 학교교육의 목표: 기독교적 인격 함양

대도시에 위치한 A학교의 교훈은 "기독적 인격"이다. 한국의 여느 학교와 비슷하게 학교건물의 중앙 현관과 대부분 교실의 한쪽에 교훈이 적힌 액자 혹은 종이가 붙어있다. 연구자들이 면담한 대부분의 교사와 학생들은 학교교육의 목표가 기독교적 인격의 함양이라고 답을 했다. 학교의 교훈이 단지 명목상으로만 존재하기보다는 학교 구성원들의 마음속에 다양한 형태로 분명하게 자리 잡고 있음을 알 수 있었다. 그러나 기독교적 인격이 무엇인가라는 질문에 대해서는 "예수님의 형상을 닮아가는 것", "기독교의 정신을 실천하는 것", "성경말씀대로 살아서 사회에 영향력을 끼치는 인재가 되는 것", "믿음 소망 사랑을 실천하는 것" 등과 같이 다양하게 답을 했다. 학교의 목표에 대해 학교 구성원들은 넓은 범주에서는 유사된 생각을, 구체적으로는 다양한 견해를 갖고 있었다. 그리고 면담한 한 학생은 학교교육의 목표가 무엇인지 모른다고도 답했다. 교훈에 대해 어떻게 생각하느냐라는 질문에 그저 하나님을 믿는 것 정도로 이해하고 있었다.

기독교적 인격함양이라는 교육목표가 어떻게 실제 학교교육에 구현되고 있는가라는 질문에 대해 교사와 학생들이 공통적으로 답한 것은 공식적인 교육과정으로 진행되는 예배와 종교 (성경) 수업을 통해 이루어지고 있다고 답했고, 일부 교사와 학생들은 교사들이 수업 시간에 기도를 한다든지 신앙 이야기를 하는 점도 들었다. 그리고 다수 교사들은 학생들과의 만남 가운데 자연스럽게 신앙적인 면이 전달된다고 응답했다. "선생님들이 열심히 가르치시고 예수님의 사랑을 실천하신다."라고 말한 3학년 한 학생의 응답이 다수 교사들의 말과 일치함을 볼 수 있다. 교감, 교목, 부장 교사들은 교사채용과 같은 행정적인 차원에서도 학교의 교육목표와 부합하기 위해 애쓰고 있다고 응답했다. 그러나 교육과정의 편성 및 운영이나 수업의 내용 및 방법에서 기독교적 인격 함양이라는 교육목표가 구현되고 있는지에 대해서는 부정적인 반응이 많았다. "학과 수업에서는 기독교교육이라는 것이 어렵다."라고 말한 선생님의 발언이 많은 교사들의 고민을 대변한다고 할 수 있다.

2) 교육목표와 대학입시: 두 마리 토끼

기독교적 인격 함양과 대학입시에 대한 준비는 A학교가 추구하는 두 가지 교육목표이다. "공부를 통해서 하나님께 영광을 돌리는 것이 저의 목표입니다."라고 말한 1학년 학생의 말이나 "공부를 기본으로 하고 기독교적인 것을 추가하는 것"을 기독교학교의 본질로 이해하고 있는 3학년 학생의 발언은 위의 두 가지 목표를 함께 중요하게 여기고 있음을 보여준다. 교사들 역시 비슷한 생각을 갖고 있었다.

"기독교학교가 진학률에 소홀히 해서는 안 됩니다. 사회 속에서의 빛과 소금의 역할은 지도자의 위치에 섰을 때 가능합니다."

"기독교적 인격함양을 이루는 것은 입시에 대한 성공적인 준비에도 도움이 된다."

"아침마다 큐티하고 신앙생활 열심히 한 아이들이 좋은 대학 가는 것을 많이 보았어요."

여러 교사들의 이런 말들은 교감의 다음과 같은 말로 잘 요약되고 있다.

"기독교학교는 두 마리 토끼를 잡아야 하기 때문에 힘듭니다."

이 둘 중에 어느 것을 더 중요하게 추구하는가라는 질문에 대해서는 다수 대담자가 질문자체에 문제가 있음을 지적했다. 그것은 선택의 문제가 아니라 둘 다 동시에 추구해야하는 것이라고 말했다.

"기독적 인격함양과 입시 준비는 동시에 추구되어야 합니다. 그것이 옳고 가능하다고 생각합니다."

교직 경력이 10년이 넘은 중견 교사는 확신 있게 말하였다. 면담한 한 교목도 앞의 교사와 비슷한 내용의 말을 했다.

"우리 학교는 입시교육을 강조하지 않습니다. 그러나 학교생활 전체를 통하여 기독교적인 것과 입시가 함께 추구되고 있어요. 우리학교는 오랜 역사 가운데 그러한 문화가 정착되어 왔어요."

이들의 말처럼 실제 A학교에서는 이 둘이 큰 긴장관계를 갖지 않고 병존하는 것처럼 보인다. 학생들이나 교사들이 입시로 인해 받는 스트레스가 그다지 심각하지 않은 것으로 반응을 보였고, 쉬는 시간 교실 밖에서 만나게 되는 학생들의 표정도 다소 밝고 활기찬 모습을 종종 보게 된다. 물론 수업 시간 조는 학생들이 여럿 보이고 교사의 일방적 강의에 반응 없이 가만히 앉아있는 학생들의 모습은 고등학교 교실의 일반적인 모습이기도 하다.

이러한 두 가지 목표의 병존을 학생들은 다음과 같이 표현한다.

> "학교 전체적으로는 기독교적인 신앙을 더 강조하고 각 반에서는 경우에 따라 입시를 더 강조합니다."
>
> "수업 시간 가장 중요하게 다루는 것은 대입 수능에서 등급을 높이는 것입니다. 그러나 선생님들은 인격적으로 우리를 대해주시고 신앙적인 도움도 많이 주십니다."

연구자들이 관찰한 한 3학년 수업은 학생들의 이러한 말들이 어떠한 모습인지를 구체적으로 보여주었다. 학생의 기도로 시작한 과학 수업에서 교사는 밝은 얼굴과 친절한 태도로 시종일관 학생들을 대했다. 조는 학생들을 부드럽게 깨우기도 하고 수업 중 성찬식의 포도주와 화학의 상관성에 대해 설명하기도 하였다. 그러나 가장 중요하게 강조한 것은 교과내용 중 시험에 나오는 부분이었다.

2. B고등학교

1) 학교교육의 목표: 실력 있는 신앙인

연구자들이 면담한 거의 대부분의 교사와 학생들은 B학교 교육목표가 무엇인가라는 질문에 대해 '실력 있는 신앙인'이라고 답하였다. 이는 학교의 구성원들이 학교가 추구하는 교육의 목표를 명확하게 공유하고 있다는 것을 의미한다. 실력 있는 신앙인이 무슨 의미인지에 대한 질문에 대해서 교감은 "기독교 정신이라는 것은 자기가 가진 것을 나누는 것이며, 나누기 위해서는 먼저 가지고 있어야 하는데, 실력 있는 신앙인이란 실력을 키워서 남 주자는 것"이라고 설명하였다. 학생들도 유사한 대답을 하였다. 2학년 한 학생은 "많은 기독교인들이 소금의 맛을 잃고 세상에 동화되어 살아가고 있는데, 그런 모습이 아니라, 사람들을 이끌 수 있는 리더로 자라나서, 더 영향력 있고, 더 많은 사람들을 옳은 방향으로 인도하는 것"이라고 설명하였고, 3학년 학생은 "신앙을 키우고 실력을 키워서 세계로 뻗어나가 영향력 있는 하나님의 사람이 되는 것"이라고 응답하였다. 다른 학생들이나 교사들의 답변도 큰 차이가 없었다. 이들의 말들은 학교의 공식적인 교훈인 '하나님을 경외하고 이웃을 사랑하자'와 같은 맥락 가운데 있음을 알 수 있다.

이와 같이 학교의 교육목표가 분명하고 학교의 비전이 학교구성원들 가운데 공유되고 있는 이유는 학교의 설립자이기도 한 이사장의 강력한 리더십과 학교장의 카리스마가 중요한 역할을 했다고 할 수 있다. 이사장은 학교설립 초기 교사의 채용에서나 교사 훈련에서 높은 수준의 신앙과 헌신을 요구했다. 교사제자반 훈련을 직접 인도하며 학교의 철학을 만들어 나갔다고 한다. 지금은 이사장이 인도하지는 않지만 여전히 교사 성경공부, 교사 기도회 등이 학교의 교육목표를 확산시키며 공고하게 만드는 중요한 장이 되고 있다고 한다. 물론 학교의 목표가 이사장, 교장 등의 수준에서 결정되어 아래로 내려오는 형식의 리더십에 불만을 토로하는 교사도 있었다. "학교장의 철학에 따라 굉장히 좌지우지 되는 것 같아요. 선생님들의 생각이 사실다 같지 않기 때문에 그것을 잘 만들어가는 것이 중요한데, 사실은 교장 선생님께서 강력하게 밀어붙이는 타입이죠."

B학교는 실력 있는 신앙인 양성을 위해 신앙과 실력 모두를 강조한다. 먼저 학생들의 신앙성장을 위해 학교는 다양한 노력들을 강구하고 있다. 학교 채플, 아침 경건회, 선교부 활동, 자발적 기도모임 등은 학교에서 중요한

역할을 하고 있다. 매주 1회 열리는 채플은 매우 뜨거운 열기 가운데 이루어진다. 설교와 찬양 외에 반별 특송도 하고, 성경 1독을 한 학생에게 인증서와 선물을 주고, 생일자를 축하하는 시간도 갖는다. 안 믿는 아이들도 예배에 적극적으로 참여하는 아이들이 많다고 한다. 기독교인이 아닌 한 학생은 "처음엔 거부감도 들었는데. 그게 학생들 간의 단결심도 좋게 하고 …좋은 것 같아요."라고 말했다. 채플에 참석한 한 연구자는 채플 중에서 하나됨이 느껴지고 축제 같은 분위기였다고 한다. 그리고 아침마다 선교부장 학생의 인도로 학급 경건회가 드려진다. 교감은 아침 경건회의 중요성을 다음과 같이 말하였다.

"아침 경건회는 학생들 스스로가 하는 것인데 눈에 보이지 않지만 학교교육에 있어 엄청나게 큰 것입니다."

B학교에는 이 외에도 학생들의 자발적인 기도모임들이 있다. 매주 금요일 저녁 6:20마다 갖는 620 기도회, 매일 밤 10시에 갖는 10시 기도회에는 적지 않은 학생들이 모여 기도와 찬양을 열심히 한다. 620 기도회에서 찬양인도를 했던 한 교사는 학생 기도회의 중요성을 다음과 같이 말했다.

"제가 하는 어떤 수업보다도 바로 이 시간에 아이들에게 가장 중요한 교육을 하는 것 같아요."

실력에 대한 강조 역시 중요한 학교의 한 측면이다. 먼저 학생 선발에서 실력 있는 학생들을 뽑기 위해 애를 쓴다. 중학교의 내신 성적과 선발시험을 거쳐 학교에 들어오게 된다. 지역에서 명문학교로 이름난 덕에 경쟁률이 높아 중학교 때 성적이 상위권에 속하는 학생들만이 이 학교에 입학할 수 있다. 학교의 교사들 역시 학생들의 실력을 향상시키기 위해 열심히 노력하는 모습이 보였다. 학생들은 대부분 교사들의 이런 노력들에 대해 인정한다.

> "선생님들의 수업하시는 모습을 보면 알 수 있는데요. 정말 선생님들이 수
> 업 준비에 열심히 하세요…. 실력 있는 신앙인을 길러내고자 하는 열정이
> 나타나거든요."

수업 시간 교실에서 보이는 학생들의 면학 열기 역시 사뭇 진지했다. 연구자들이 관찰한 수업에서 다른 학교 학생들과는 달리 조는 학생이나 딴 짓을 하는 학생들이 거의 발견되지 않았다. 학과수업이 끝나는 6시부터 계속하여 자율학습의 형태로 밤 10시까지 공부를 시키는 것도 실력을 중시하는 학교의 모습의 한 단면이다.

2) 교육목표와 대학입시: 동전의 양면

B학교가 추구하는 학교교육의 목표와 대학입시 준비의 상관관계는 비교적 큰 갈등 없이 이루어지고 있는 듯하다. 학교가 표방하는 교육 목표인 '실력 있는 신앙인'이란 개념에는 대학입시에서의 성공을 포함하고 있기 때문에 기독교교육과 입시준비교육 사이에 긴장을 느낄 소지가 적은 것이다. 면담한 교사와 행정가들 역시 두 가지 교육의 중요성을 동시에 강조하고 있었다. 한 교사의 말이다.

> "우리 목사님(이사장)의 생각은 입시와 신앙을 갖춘 실력 있는 신앙인을 사
> 실 원하시는 거잖아요. 처음에는 두 마리 토끼를 다 잡는 것이 과연 가능한
> 가 그런 고민도 좀 있었어요. 근데 워낙 선생님들도 열심히 하시고 또 목사
> 님께서 아주 굳은 비전을 갖고 계시는 것이 사람들에게 다 전달되는 것 같
> 더라구요…. 선생님들도 두 가지 다를 추구하려고 노력해요."

교감은 아주 확신 있게 신앙교육과 입시준비교육의 분리될 수 없는 관계성을 강조했다.

"동전의 양면이니까 그것을 분리할 수 없죠. 둘 중 어느 것 하나를 더 중요하게 생각할 문제가 아니란 말입니다."

신앙교육과 입시준비교육의 공존이라는 교직원들의 생각들은 학교생활 전반에 다양하게 반영되고 있다. 먼저, 수업의 내용이나 방법에서는 대학입시의 영향을 강하게 받고 있었다. 교과서 중심의 내용으로 교사의 강의위주 수업이 주를 이루었다. "입시준비에 최선을 다하기 위해" 2학년 때까지 전체 진도를 마치는 과목도 있고, 문제 풀이 중심의 수업을 진행하기도 했다. 수업 시간 입시에 대한 언급 역시 중요한 부분을 차지했다. 반면, 학생들의 자율적인 기도회와 학급 경건회 그리고 교사의 학생에 대한 태도나 학생 상호간의 관계와 같은 학교의 분위기에서 신앙을 강조하는 모습이 여실히 느껴지기도 한다. 그러한 학교의 분위기를 잘 보여주는 교사의 말이다.

"친구들끼리 서로 기도해 주는 게 너무 좋대요. 그걸 평생 잊지 못하는 것 같아요…. 어려웠을 때, 뭐 성적 때문에 스트레스 받고 지네들끼리 서로 손 붙잡고 기도해 주고 이랬던 추억들이 남아서 졸업하고 계속해서 고등학교를 잊지 못하고 또 오고, 후배들 챙기러 또 오고 그래요."

면담한 학부모 역시 신앙교육으로 인한 학생들의 모습에 흐뭇해하고 있었다.

"우리 딸이 말하기를 일반 학교에서는 다른 애들 가방 뒤지고, 누가 수업 시간에 자거나 노트필기 안 해도 절대 안 빌려준대요. 그런데 여기에 오니

간 누가 자면 서로 깨운다는 거예요. 나가서 세수하고 오라고. 서로 격려해 가면서 공부를 하더라구요. 아이들의 마음이 밖의 아이들하고 다르게 순수해요."

입시교육과 신앙교육의 공존의 모습은 외형적으로도 다음과 같이 나타나고 있었다. 대부분의 교실의 학급 게시판에는 우리나라 대표적인 대학들에 대한 안내와 함께 성경말씀이 적혀있다. 2008년 고입진학을 위한 학교 설명회를 위한 자료집 역시 이러한 성격을 잘 나타내준다. 자료집 표지에는 학교의 교훈인 '하나님을 경외하고 이웃을 사랑하자'를 크게 적어두었다. 자료집의 내용 중 제일 먼저 나오는 것이 B학교의 대학진학 현황이다. 연도별로 각 주요 대학의 합격자 수가 나와 있다. 언론으로부터 찬사를 받은 대학진학률을 학교의 가장 중요한 장점으로 홍보를 하는 것이다.

이처럼 신앙교육과 입시교육의 공존이 학교의 주도적 분위기이기는 하지만, 그 공존에 대한 인식에서는 조금씩의 차이를 보여주었다. 면담한 2학년 학생은 학교가 입시준비보다는 신앙에 더 비중을 두는 것 같다고 답했다. 620 기도회나 10시 기도회에 학생들이 자주 가는 것을 선생님들이 그냥 두는 것은 신앙교육을 더 중시하기 때문이라는 것이다. 반면 1학년 학생 한 명은 반대의 의견을 나타내었다.

"저희학교 목표가 실력 있는 신앙인이라고 말하는데 솔직히 제가 생각하기에는 신앙도 중요하지만, 학교에서 명문대학에 보내기 위한 압박을 굉장히 주는 것 같기도 해요…. 처음엔 신앙으로 시작하지만 결국은 실력으로 끝나죠."

한 교사 역시 학교 근무 초기에 비슷한 고민을 했다고 한다.

"처음에 제가 생각한 기독교학교의 모습은 대안학교에 가까운 모습이었어요. 그러다 여기에 와서 보니 이 학교 역시 일반 인문계 고등학교와 크게 다르지 않고 해서 갈등이 있었죠."

3. C고등학교

1) 학교육의 목표 : 전인적 인간 교육

C학교가 표방하는 교육목표는 분명한 것처럼 보인다. C학교가 대안학교로 설립되면서 내세운 교육철학이 "C교육"이라는 전인적인 인간 교육이었고, 교육과정 역시 이 교육원리에 따라 만들어졌다. 마음, 몸, 지식의 힘을 기르고, 자기관리와 인간관계를 중시하여, 다섯 가지 영역에서 능력을 기를 수 있도록 교육과정을 편성하였다. 이러한 전인교육을 통해 '기독교정신으로 미래를 준비하는 사람'을 길러내는 것이 C학교가 공식적으로 내세우는 교육목표이다. 학교가 표방하는 교육목표는 실제 교사나 학생들이 생각하는 것과 별반 다르지 않은 것으로 보인다. 학교교육의 목표가 무엇인가라는 질문에 대해 교사들은 "C교육을 통해서 세계를 품은 그리스도인을 양성하는 것"이라든지, "C교육 방법을 통해 기독교인재를 양성"하는 것 등으로 표현했다. 학생들 역시 비슷한 생각을 나타내었다. "C교육을 통해 전인적 인간을 만드는 것", "전인적 인간", "진짜 그리스도인을 만드는 것" 등으로 표현하였다. 이 학교 교장 역시 학교교육의 목표를 다음과 같이 말하였다.

"기독교교육과 C교육을 통해 세계를 품은 전인적 인재를 육성하는 것이 저희학교의 목표입니다."

그런데 여기서 한 가지 분명하지 않은 것은 전인교육과 기독교교육이 어떤 관계성을 갖는가 하는 점이다. 어떤 교사는 신앙교육을 전인교육의 바탕으로 이해하여 신앙교육과 전인교육을 통합적 관점으로 보고 있고, 다른 교사는 신앙교육과 전인교육을 구분하여 별개의 것으로 이해하여 그 둘을 병렬적인 관계로 보고 있고, 또 다른 교사는 전인교육을 수단으로 신앙교육을 목적으로 생각하기도 하였다.

　　C학교가 추구하는 교육목표는 학교교육에 다양한 형태로 자리 잡고 있는 것으로 보인다. 무엇보다 다섯 가지 영역의 전인교육이 이루어지도록 교육과정이 편성되어 있다. '인간관계' '자기관리' 과목이 별도로 있고, 마음의 힘을 기르기 위한 3분 묵상, 몸과 마음을 동시에 키우는 노작활동 등이 있었다. 개인의 재능을 발견하여 향상시킬 목적으로 방과 후 달란트 수업[4]이 진행되고 있다. 신앙교육을 위해서는 전체 예배, 종교 (성경)수업이 공식적으로 있고, 밤 기도회, 큐티 모임, 제자반 공부 등이 학생들 자체적으로 운영되고 있다. 한 교사는 "학교생활 전체가 작은 교회처럼" 운영되고 있다고 말한다. 연구자들이 관찰한 밤 기도회는 방과 후 공부를 마친 밤 9시에 40명가량의 학생들이 자발적으로 모여 찬양과 기도를 하는 것으로 진행되었다. 50분가량 지속된 기도회에서는 찬양을 하고 기도제목을 나눈 뒤 학생 자신들과 학교를 위해, 그리고 나라를 위한 기도를 매우 열심히 하였다. 학생들의 문화 속에 기독교적인 요소가 강하게 배여 있다고 진술한 한 교사의 말을 확인할 수 있었다.

　　학교가 추구하는 교육목표가 잘 드러나는 부분 중 하나가 교사와 학생의 관계이다. 학생 10명에 교사 1명이 한 팀을 이룬다. 매일 밤 10시까지 학생들이 선생님과 함께 하기 때문에 친밀도가 아주 깊다. 대부분의 학생들은 교사들을 좋아한다. "여기 있는 학생 모두가 마음을 터놓고 말할 수 있는 선

---

4) 달란트 수업이란 학생들의 재능 개발 프로그램의 일환으로 시행되고 있는 수업이다. 이는 학습자의 자기 주도적 학습 능력을 배양하고 학생의 개성과 특기를 살리는 평가를 지향하여 창의력을 높이려는 목표를 가지고 있다. 이를 위한 기본적인 방침은 다양한 체험학습의 기회를 제공하여 지식위주의 교육을 지양하고 직접 몸으로 체험할 수 있도록 하는 것에 있다. 현재 C학교에서의 달란트 수업은 교과목(국영수사과)중심의 교과 달란트와 예능 활동중심의 달란트가 운영되고 있다.

생님 한 분정도는 있다고 생각해요." "교사와 학생간의 유대관계가 잘 되어 있고, 학생들이 선생님들에게 터놓고 이야기 하는 부분이 많아요…. 선생님 앞에 와서 엉엉 울기도 하고."

교사들에게 학교교육의 철학이 공유되도록 하기 위해 학교에서는 교사 교육을 중요하게 운영하고 있었다. 신임교사는 집중적으로 C교육의 원리와 방법에 대해 교육을 받고, 기존의 교사들도 정기적으로 재교육을 받는다고 한다. 최근 들어 각 교과교육에서도 전인교육의 목표를 이루기 위해 교사들 은 함께 C교육에 의한 교과서를 개발하고 있는 중이었다.

2) 교육목표와 대학입시: 전인교육과 입시교육 사이에서

C학교에서 학교의 교육목표인 전인교육과 입시준비 교육은 매우 복잡 한 관계를 이루고 있다. 면담을 한 많은 교사들은 전인교육과 입시교육 사 이에서 갈등을 느끼고 있었다. 다섯 가지 영역의 전인교육을 균형 있게 교 육해야 하지만 대학입시를 잘 준비시키기 위해서는 지식교육을 강조할 수밖 에 없다는 것이다.

> "저희들은 이상 [전인교육]을 가지고 그 이상에 맞게끔 노력을 하는데, 현 실적인 문제 [입시]에서 괴리가 있다고 보고 있어요."
> "학생들이나 학부모님들은 그것 [교육목표]을 이상적으로 생각하고 있긴 하지만, 현실적으로는 좋은 대학에 가야한다고 생각하기 때문에… 둘 다 잡 기에는 현실적으로 힘든 부분이 있어요."
> "하나를 취하면 하나를 버려야하는 그런 현상 같아요."

다수 교사들이 전인교육과 입시교육 사이에서 긴장을 느끼는 반면, 일 부 교사들은 그 둘이 구분과 선택의 문제가 아니라고 말했다. 즉, C교육이 라는 전인교육이 결국 학생들의 실력을 향상시켜 대학입시에도 좋은 결과

를 낮게 한다는 것이다.

> "결국은 C교육을 열심히 하는 것이 입시에 대한 지도까지 다 포함한다고
> 생각해요."
> "학생들이 공부를 못하는 이유는 마음이 약하든지, 체력이 약하든지, 자
> 기관리가 안되어서 그런 것이기 때문에 우리의 전인교육을 제대로 하면 공
> 부를 잘하게 되거든요."

전인교육과 입시교육의 관계성에 대한 교사와 학생들의 인식에서 발견
되는 중요한 한 가지는 학교 전통의 계승이다. 먼저, 학교 초창기부터 근무
한 교사들은 전인교육에 대한 중요성을 강조하는 반면 이후에 학교에 들어
온 교사들은 전인교육과 입시준비 사이에서 갈등을 느끼고 있었다. 현재 C
학교 교사들 가운데 학교 초창기부터 근무한 교사들은 소수만이 남아있었
다. 근무연수가 짧은 것이 대안학교의 일반적인 특징인데 이 학교 역시 예외
가 아니었다. 학교 초창기에 있었던 학교의 목표와 비전이 교사들이 새롭게
충원되면서 제대로 계승되는지에 대한 의문이 나는 부분이다.

그리고 학교 리더십의 변화가 학교의 변화를 가져오는 한 가지 중요한
요소로 작용하고 있었다. 현 교장은 2006년 2학기에 부임하였는데, 부임 후
학교에 여러 가지 변화가 왔다고 학생들과 교사들은 진술했다.

> "수업도 많이 바뀌고, 달란트 학습도, 그야말로 재능을 키워주는 달란트
> 라기보다는 교과위주의 달란트가 많이 생겼고요."
> "예전엔 전인교육에 많이 치중했었는데 요즘에 와서 아무래도 지식에, 대
> 입 쪽에 관심을 두고 C교육이 많이 약해지고 있어요."
> "기숙사 개방도 자유로웠는데, 지금은 방과 후 달란트 학습 시간에 문을
> 닫아 버려요."

2, 3학년 학생들은 학교의 이런 변화에 보다 더 민감하게 느끼며 조금의 불만을 표시하였다. 최근 들어 외형적으로 달라진 교육활동들로는 노작이 없어지고, 3분 묵상의 횟수도 줄어들고, 과거 시사상식, 하천 연구, 웰빙 연구 등 다양하던 방과 후 달란트 학습이 국어, 영어, 수학, 사회, 과학 중심의 학과 공부로 변한 것들이다. 물론 모든 학생이 전인교육에서 입시준비교육으로 강조점이 변해가는 현 상황에 불만을 갖는 것은 아니다. 오히려 그러한 현상을 환영하는 학생들도 있다. 이러한 학교의 변화는 학교 입학생들의 학업 수준의 변화와도 관련이 있는 듯하다. 올해 1학년 학생의 경우 지금까지의 지원율 가운데 가장 높은 6:1의 지원율을 보였고, 입학생들의 학업 성적도 예년에 비해 높다고 한다.

C학교는 전인교육을 토대로 한 기독교교육과 입시준비교육의 관계성 설정에서 혼란을 겪고 있는 것으로 보인다. 교장은 기독교학교로서의 건학 이념대로 기독교교육을 중심으로 학교를 운영하고 있다고 확신 있게 말하였다.

"우리는 기독교교육에 추호도 변함없이 가고 있습니다."
"1학년과 2학년 뿐 아니라 3학년도 똑같이 기독교교육을 시키고 있습니다."

그러나 학생과 교사들의 반응은 상반되었다.

"지금 교장 선생님은 엄청난 스트레스를 주세요. 막 격려해주시는 건 아는데, 너무 스트레스 많이 받아서 우는 애들도 있어요."
"교장 선생님은 시험 결과를 가지고 말씀을 하시죠. 전 시험보다 1등이라고 올려야 된다."

10년 역사를 맞이하고 있는 C학교는 전인교육, 기독교교육, 대학입시와의 관계에 대해 학교 구성원들 간의 대화와 토론이 필요한 시점에 와있음을 많은 이들이 느끼고 있었다.

V. 논의

앞에서 세 학교들이 표방하는 교육목표와 그 학교들이 실제 추구하고 있는 목표들을 심층 면담과 관찰 등의 방법으로 수집한 자료를 기초로 하여 제시하였다. 그리고 그 학교들이 추구하는 학교교육의 목표가 대학입시 준비와 어떻게 공존 혹은 갈등하고 있는지도 묘사하였다. 이 장에서는 앞의 연구 결과를 토대로 이 논문의 두 가지 연구 질문 1)기독교학교의 교육목표, 2)교육목표와 대학입시의 관계에 대해 깊이 있는 토의를 진행 할 것이다. 먼저 기독교학교의 교육목표에 대해 연구 대상 학교들은 공통적으로 신앙 (인격) 교육과 실력배양을 강조하였다. 그래서 여기서는 신앙과 실력이 각 학교에서 어떻게 이해되며 추구되고 있는지, 이 둘의 관계는 어떻게 설정되고 있는지, 이들이 기독교학교의 교육목표로서 갖는 한계는 무엇인지 등에 대해 논의를 할 것이다. 다음 두 번째 연구 질문과 관련해서 기독교학교의 교육목표를 추구하는데 있어 대학입시가 어떤 장애가 되는지, 대학입시가 기독교학교교육에서 차지해야 하는 적정한 위치가 무엇인지 등에 대해 논의할 것이다.

1. 기독교학교에서의 신앙과 실력

연구 결과에서 본 것처럼 세 개의 연구대상 학교들은 학교교육의 목표로서 신앙 (인격) 교육과 실력배양을 함께 강조하고 있다. 그런데 신앙과 실력의 관계를 보는 시각이 사람과 학교에 따라 차이가 있음을 알 수 있다. 연구 결과에서 발견되는 다양한 시각들을 다음과 같이 다섯 가지의 모형으로 유형화시켜 볼 수 있다. 먼저 신앙과 실력을 별개의 독립된 것으로 보는 '분리적 관점'이 있다. 이 관점 하에서는 신앙을 실력보다 우선시하는 '신앙 우선 모형,' 실력을 신앙보다 우선시하는 '실력 우선 모형,' 신앙과 실력을 대등하게 중시하는 '대등 모형' 등이 있다. 그리고 신앙과 실력은 분리될 수 없으며 밀접하게 연결되어 있다고 보는 '연결적 관점'이 있다. 이 관점 하에서는 신앙 속에 실력이 포함되어 있기에 신앙을 열심히 추구하면 실력은 결과적으로 따라온다는 '선(先)신앙 후(後)실력 모형', 신앙과 실력이 혼합되어 있지만 실제 목적인 실력을 이루기 위한 수단으로 신앙을 강조하는 '주(主)실력 종(從)신앙 모형' 등이 있다.

A학교에서 강조된 "두 마리 토끼" 비유는 대표적인 '대등 모형'을 나타낸다. 신앙과 실력은 별개의 것이지만 두 가지 중 어느 한 가지라도 소홀히 할 수 없다는 것이다. 두 가지를 동시에 추구하는 것이 기독교학교의 본분이라 믿는다. 그래서 일반 교과 수업에서는 실력 향상을 위해 노력하고, 예배, 종교수업, 선교부 활동 등을 통해서는 신앙 성장을 위해 최선을 다하는 것이다.

B학교에서 사용된 "동전의 양면" 비유는 '선 신앙 후 실력 모형'을 보여주는 좋은 예이다. B학교의 행정가들과 다수 교사들은 실력이 포함된 신앙을 주장한다. 그래서 신앙을 열심히 추구한다는 것은 좋은 실력의 결과가 동반함을 의미한다고 강조한다. B학교 교목의 말은 이를 뒷받침 한다.

> "신앙이란 영적인 활동만이 아니라 생활 속에 묻어있는 것이며, 학생생활의 대부분은 공부를 열심히 하는 것이고, 특히 고등학생은 대학입학 시험을 준비하는 것이 포함된다. 그러므로 대학입시를 잘 준비하는 것도 하나의 신앙생활이라 할 수 있다."

C학교에서 발견되는 점은 연결적 관점에서 분리적 관점에로의 전이의 모습이다. 학교 초기 기독교 정신에 기초한 전인교육을 추구할 때 지력(知力)은 신앙교육 속에 내포되어 있었다. 그러나 점차 지식의 분야를 중시함으로써 지력을 나타내는 실력이 신앙과 분리되는 현상을 조금씩 보여주고 있다.

이처럼 A학교에서는 '대등모형'이, B학교에서는 '선 신앙 후 실력 모형'이 두드러지고, C학교에서는 관점의 전이현상이 나타난다고 말할 수 있다. 그러나 이는 각 학교의 대표적인 분위기를 지적한 것이다. 사실 세 학교 모두에서 다섯 가지 모형이 어느 정도 존재한다고 말할 수 있다. 그럼에도 불구하고 세 개 학교에서 나타나는 공통점은 있다. 그것은 세속화된 기독교학교에서 종종 나타나는 '실력우선 모형'이나 성공주의적 기복신앙의 결과로 나타나는 '주 실력 종 신앙 모형'이 최소한 세 학교의 주된 모습은 아니라는 점이다. 우리나라의 기독교학교들에서 신앙교육은 명분에 불과하고 실제는 실력에 중점을 둔다고 많은 이들이 비판을 하는 것과는 대조가 된다고 할 수 있다. 그리고 신앙을 열심히 추구하는 듯 보이나 실제 목적은 세상에서의 성공인 경우를 종종 목도하는 현실을 생각할 때 이들 학교들은 어느 정도 건전한 기독교학교의 모습을 갖추고 있다고 말할 수 있을 것이다.

그러나 여기에서 중요하게 논의해야 할 점은 그 학교들에서 말하는 신앙과 실력이라는 것이 과연 무엇을 의미하는가 하는 문제이다. 먼저, A학교와 B학교에서 말하는 신앙의 의미는 유사하다. A학교에서는 기독교적 인격을 강조하며, 기독교적 인격이란 기독교 정신을 실천하는 것으로 이해하고 있다. 구체성이 결여되어 있긴 하지만, 신앙으로 사회에 영향력 있는 사람이 되는 것을 강조하고 있다. B학교 역시 신앙에 대해 말할 때 신앙의 포괄적인 면을 의미한다. 단지 신앙과 관계해서 사람들을 이끌 리더, 남에게 베풀 것이 있는 사람, 비전 있는 리더 등을 이야기함으로 신앙적 리더십을 강조하는 경향이 있다. C학교에서는 신앙을 하나님이 각자에게 주신 달란트 (재능) 개발의 측면에서 많이 이야기한다. 그래서 신앙의 성장을 재능의 개발을 통한 전인적 성장으로 이해하고, 이를 통하여 "미래를 준비하는", "세계를 품은" 신앙인으로 성장해야 한다고 한다. 개인에게 주어진 다양한 재능 개발이라는 측면 외에는 다른 두 학교와 특별히 차이나는 점이 발견되지는 않는다. 기독교학교들이 추구하는 신앙의 의미가 지나치게 포괄적일 때 학교 구성원들의 신앙에 대한 이해가 제각기 다를 수가 있고, 더구나 신앙을 자기들의 편의에 따라 해석할 위험을 갖게 되기도 한다. 세 학교에서도 '실력 우선 모형'이나 '주 실력 종 신앙 모형'의 모습이 조금씩 발견되는 것은 이런 상황에서 나타나는 어쩔 수없는 현상이라고 할 수 있다.

이처럼 이들 세 학교에서 신앙이 포괄적으로 이해되고 신앙교육의 초점이 구체적이지 못한 현상은 대개 신앙교육이 주로 잠재적 교육과정을 통해 이루어지고 있는 현상과 관계가 있는 것으로 보인다. 연구 대상 학교에서는 교사와 학생 간의 관계, 학생 상호간의 관계, 학생들의 자발적인 기도회와 찬양집회 등에서 신앙교육이 중요하게 이루어지고 있다. 학교문화, 기도와 찬양 등은 학생들에게 신앙을 내면화시키고, 신앙적 열정을 강화시키는데 중요하게 작용하는 반면, 신앙의 내용을 숙고하고 비판적으로 형성해가는 데는 부족한 점이 있다. 그러므로 신앙교육은 정서적인 면이나 의지적인 면에서 뿐 아니라 지적인 측면에서도 조화롭게 이루어질 필요가 있다. 이를 위해서는 잠재적 교육과정과 함께 형식적 교육과정에서도 신앙교육을 실시할 수 있도록 편성, 운영되어야 한다. 예를 들어, "샬롬을 위한 책임 있는 제자도"를 교육목표로 하는 미국 미시간 주의 일부 기독교학교들은 그 목표에 부합하는 교육과정을 개발하여 운영하고 있고 (Stronks & Blomberg, 1993), "더불어 사는 평민"을 교육목표로 삼고 있는 오랜 역사를 지닌 기독교학교인 풀무학교 역시 교육과정과 학교행정, 학교문화 등을 학교의 교육목표와 일치시키기 위해 노력하고 있음을 볼 수 있다 (홍순명, 1998).

다음으로 기독교학교에서 말하는 실력이란 무엇을 의미하는가 하는 문제이다. A학교와 B학교에서 실력을 말할 때는 가장 빈번하게 의미하는 바는 학업 성적과 대학입시에서의 성공이다. 실력 있는 인재를 키운다는 것은 높은 성적을 얻어 좋은 대학에 들어가는 것과 동일한 것으로 말을 한다. 그래서 B학교의 경우 대학입시가 끝나고 나면 일류대학에 간 학생들의 명단을 큰 플랜카드에 써서 학교 앞에 붙이는 일을 한다. 학교를 소개하는 문서에는 언제나 대학진학률을 제일 먼저 넣는 것도 동일한 맥락에서 이해할 수 있다. 이러한 현상은 우리나라 고등학교에서 발견되는 일반적인 현상이라 할 수 있다. 그러나 이들 학교와 다른 학교들과의 차이점도 발견되기도 한다. 그 것은 일반학교에서는 실력이 단순히 높은 학업 성취도, 입시에서의 성공만을 의미한다면, A학교, B학교에서는 여기에 덧붙여 남에게 봉사하는 마음을 함께 말한다는 것이다. 그래서 B학교 교사들은 학생들에게 "실력을 키워 남 주자"라는 말을 종종 하기도 한다. 요약하면 이들 두 개 학교에서는 남을 돕기 위하여 대학입시에서 성공하여 사회에서의 지도자가 되는 것을 진정한 실력이라 보고 있다. B학교는 A학교에 비해 이러한 의식이 보다 분명하게 나타난다는 점이 작은 차이점이라 할 수 있다.

반면 C학교의 경우는 실력을 보는 관점이 다름을 알 수 있다. C학교의 설립자는 성적은 높지만 실력이 없는 교육현실을 비판했다. 역사 성적은 높지만 역사의식을 갖지 못한 사람이 길러지고, 체육 성적은 높지만 건강하지 못한 사람이 길러지는 현실에서 모순을 발견한다는 것이다. 그래서 그는 진정한 실력이란 높은 시험 점수를 얻는 것이 아니라 지력, 심력, 체력, 자기관리 능력, 인간관계 능력 등 인간의 전인격적인 면을 골고루 조화롭게 발전시키는 것이라 주장한다. 실력에 대한 이런 정신은 지금도 학교의 여러 면에서 나타나고 있다. 교사와 학생들의 대학입시에 대한 스트레스가 비교적 약한 것이나 달란트 학습, 인간관계 수업 등 전인적인 면에서의 실력을 향상시키기 위해 노력하는 모습을 볼 수 있다. 그러나 앞에서 언급한 것처럼 오늘날 C학교는 다섯 가지 영역 가운데 대학입시와 직접 관련 있는 지력을 점차적으로 중시하는 경향을 보이고 있고, 지력 향상을 대학입시 준비로 축소시키는 모습도 보여 진다.

실력을 어떻게 보는가하는 문제는 기독교학교의 정체성 확립과 관련하여 대단히 중요한 문제이다. A, B학교가 기독교적 교육목표를 분명히 함에도 불구하고 학교교육의 핵심인 교실에서의 수업에서 일반 학교들과 큰 차이를 발견하기 어려운 이유가 여기에 있다. 그러므로 실력을 기독교적으로 새롭게 재정의 하고 이해하려는 노력이 요청된다. 풀무학교에서 보여주는 실력에 대한 이해의 방식은 많은 기독교학교에게 중요한 시사점을 준다 (홍순명, 1998). 풀무학교에서는 인성교육, 지식교육, 기능교육을 통해 전인적 성장을 이루는 것을 실력 있는 인간으로 보고 있다고 말한다. 그러므로 이 셋은 긴밀히 연결되어 있다는 것이다. 일반 교과수업을 통해서 무엇을 길러야 하는지에 대해 풀무학교 전 교장은 다음과 같은 말을 한다.

"국어는 주로 읽기, 쓰기를 가르치지만 그 수단을 통해서 대화의 정신을 배우는 것이고, 수학을 통해 합리적 사고를, 영어를 통해 인류가 하나라는 생각과 다양한 분화를 존중하는 태도를, 과학을 통해서 자연법칙에 대한 외경을, 경제과목에서는 '마지막 사람에게도 똑같이 주는' 공평한 경제의 적용을, 세계역사를 통해 역사 속의 도덕적 의지를 감지하는 것입니다. 그와 같이 체육을 통해 공정한 경기정신을 배울 수 있고 음악을 통해 조화로움을 익힐 수 있습니다." (홍순명, 1998, p.147)

풀무학교에서는 실력이 시험성적이나 대학입시에서의 성공과 결코 등가적으로 이해되지 않도록 하기 위해 애쓴다고 한다. 물론 풀무학교가 연구대상 학교들과는 달리 인문계 고등학교가 아니라는 점에서 대학입시로부터 상대적 자유로울 수 있는 여건이 되기도 한다. 그러나 교육과 실력에 대한 분명한 이해와 확실한 의지가 없는 한 여건에 관계없이 학교가 입시에 종속

될 수밖에 없을 것이다.

2. 대학입시와 기독교교육

대학입시는 고등학교 학생들에게 필수적인 관문이다. 그러므로 학교가 입시를 준비시키는 교육을 하는 것을 잘못되었다고 말할 수는 없다. 그러나 입시가 고등학교의 모든 교육을 종속화 시켜 학교교육을 비정상화 하는 오늘날의 교육현실에 문제점을 제기하는 것이다. 그러므로 기독교학교 교육에서 입시의 적정한 자리를 찾는 것은 기독교학교의 정체성을 분명히 하는데 필수적인 과제이다.

대학입시는 연구대상 학교들에게도 중요한 교육목표가 되고 있다. 물론 대학입시를 표면적으로 내세우기보다는 신앙이나 실력 등과 같은 기독교교육의 측면들과 더불어 이야기하는 형태를 취한다. 그리고 학교들마다 교육목표로서의 대학입시를 이야기하는 정도에 차이가 있기는 하다. 예를 들어, B학교에서는 입시에 대한 목표의식이 강한 반면 C학교에서는 상대적 약하게 나타난다. 그러한 차이의 원인에는 학교 내적 요인도 존재하지만, B학교가 경쟁이 치열한 비평준화지역에 위치하는 반면 C학교는 대안학교의 형태를 취하고 있다는 학교 외적 요인이 작용하는 탓도 있을 것이다.

대학입시가 학교의 교육목표로 자리 잡을 때 교육과정의 운영이나 수업의 내용과 방법에 결정적인 영향을 준다는 사실은 앞에서 언급한 바 있다. 즉, 대학입시에 도움이 되는지의 여부가 학교의 모든 교육활동에 대한 평가기준으로 자리 잡을 위험성이 있다는 것이다. 그럴 때 기독교교육은 왜곡되기 시작한다. 기독교교육은 연구대상 학교들에서 종종 들을 수 있는 것처럼 "공부해서 남 주는 것"만으로 이루어지지는 않는다. 공부를 통해 사회적 성공을 이루어 남을 돕는 것은 매우 선한 일이고, 기독교교육의 한 부분이 될 수는 있다. 그러나 기독교교육에 대한 이러한 이해는 교육의 과정을 무시한 채 교육의 결과만을 생각하게 하는 위험을 낳기도 한다.

기독교학교의 교육목표가 '기독교적 인격으로 기독교 정신을 실천하는 것' (A학교)일수도, '하나님을 경외하고 이웃을 사랑하는 것' (B학교)일수도, '기독교 정신으로 미래를 준비하는 것' (C학교)일수도 있다. 구체성이 결여되어 있긴 하지만 대체로 이러한 것들은 훌륭한 기독교교육의 목표가 될 수 있다. 그러면 이러한 목표를 실현하기 위해서 각 학교들은 어떤 교육과정을 편성하고 이를 어떻게 운영하는가가 중요한 질문이다. 무엇보다 학교교육에서 가장 핵심인 교실에서의 수업이 학교교육의 목표를 이루어가는 과정으로서 충분한 역할을 하는가 하는 문제이다. 물론 A, B학교에서는 교사의 학생들을 대하는 친절한 태도, 학생들 간에 서로를 위하는 문화 등에서 일반 학교들과는 다른 모습을 보여주는 것이 사실이다. C학교의 경우는 교육과정 편성에서 전인적 교육을 이루기 위해 노력한 모습을 발견할 수 있다. 그런 면에서 연구대상 학교들이 분명 기독교교육을 일부 실천하고 있다고 말할 수 있다. 그러나 보다 본질적인 면에서는 학교의 기독교적 교육목표보다는 입시의 영향을 크게 받고 있다고 볼 수밖에 없다.

기독교교육은 명제적 지식과 방법적 지식을 배움에 있어 기독교적 세계관에 토대할 뿐 아니라 실천 지향적 배움[5]이 일어나도록 노력해야 한다 (Wolterstorff, 1980). 그러므로 각 교과목에서 기독교적 교육이 일어나도록 하기 위해서는 수업의 내용과 방식을 새롭게 재조명하여 개선하는 노력들이 요구된다. B학교의 과학 수업과 국어 수업에서 그러한 모습을 조금 볼 수 있다. 과학 수업시간에 교사는 창조론적 입장에서 교과내용을 설명할 뿐 아니라, 수업의 방법에서도 협동학습을 통해 학생들이 함께 지식을 탐구하도록 수업을 진행하였다. 한 국어 교사 역시 공부하는 지문 안에서 발견되는

---

5) 실천지향적 배움을 Wolterstorff (1980)는 경향성 학습 (tendency learning)이라 표현했다. 경향성 학습이란 어떤 다양한 상황에서도 특정한 방식으로 행동을 하게하는 경향성을 학생들에게 기르게 하는 학습을 일컫는다.

세계관적 요소를 이야기하며 기독교적 관점에서 토의하는 시간을 가졌다. C학교에서는 기독교 전인교육의 관점에서 교과서를 새로 쓰는 작업을 하고 있었다. 이런 작업들이 비록 이들 학교에서 주류를 차지하지는 못하지만 기독교교육의 측면에서 매우 의미 있는 시도라고 할 수 있다.

그런데 대학입시에서는 기독교교육에서 중요시 여기는 지식을 보는 관점이나 실천지향성 등은 전혀 고려하지 않는다. 즉, 대학입시에서 평가하고자 하는 점이 기독교교육에서 중요하게 다루는 것과 일치하지 않는다. 이런 상황에서 대학입시 준비가 학교의 목표가 될 때 필연적으로 기독교교육에서 중요하게 여기는 점들을 잃어버리게 된다. 그러므로 입시준비가 기독교학교의 일차적 목표가 되어서는 안 된다. 입시는 단지 학생들이 거쳐야 되는 중요한 한 과정일 뿐이다. 전인적 성장을 이루어가는 과정 가운데 그동안 학습한 지식을 평가하는 한 과정인 것이다. 그것도 학생이 학습한 지식 중 일부만을 평가하는 한계가 많은 평가도구일 따름이다. 그럼에도 불구하고 오늘날 학교들은 종종 입시를 수업의 내용과 방법을 결정하게 만드는 모순을 만들고 있다.

대학입시에서의 성적이 기독교학교 교육의 성공여부를 평가하는 기준이 될 수는 없다. 그러므로 기독교학교에서는 입시의 적정한 위치를 분명히 인식하고 입시를 넘어서 기독교적 전인 교육을 시키는 사명을 새롭게 인식해야 한다. 교육과정의 편성과 운영, 수업의 내용과 방법, 학교의 행정 시스템, 학교의 문화 등에서 성경적 관점에서의 전인교육을 이루기 위한 노력이 요청된다. 그리고 기독교학교교육에 대한 평가가 필요하다면 대학입시가 간과하는 학생들의 고차원적 사고능력, 지식에 대한 세계관, 지식의 실천성 등을 평가하는 나름의 평가기준을 마련해야 할 것이다.

VI. 결론: 요약 및 제언

이 연구는 우리나라의 기독교학교에서 추구하는 교육목표가 무엇인지, 그 교육목표가 대학입시에 의해 어떤 영향을 받는지를 탐구하기 위한 것이었다. 세 개의 기독교 고등학교에 대한 사례연구를 통하여 각 학교에서 교육목표의 추구와 입시준비교육이 어떤 상관관계를 가지는지를 논의하였다. 그 결과 세 학교가 정도의 차이는 있지만 비교적 건전한 기독교교육을 실천하고 있음을 보았다. 즉, 이들 학교에서는 신앙교육과 실력을 키우는 교육을 동시에 수행하고 있었다. 우리나라의 일부 기독교학교에서 신앙보다 실력을 우선시 한다든지 신앙을 실력을 얻기 위한 수단으로 삼는 경우가 있어 종종 비판을 받는 경우와 대비된다고 할 수 있다. 그러나 이들 학교들이 갖는 한계점 역시 여실히 존재함을 살펴보았다. 학교에서 추구하는 신앙이 구체적이지 못하여 개인마다 자의적으로 해석하는 위험이 있고, 실력을 시험점수나 대학입시에서의 성공 등으로 지나치게 축소시켜 이해한다는 점이다. 그 결과 학과수업 외의 활동에서는 신앙교육에 열심인 반면 학과수업에서는 일반학교에서의 수업과 별반 차이가 없이 입시준비에 치중하는 모습을 보여주었다.

기독교교육의 핵심을 성경적 관점에서의 지식의 학습과 지식의 실천적 경향성의 학습이라 볼 때 연구 대상 학교들은 이와 상당한 거리가 있는 교육을 실시하고 있었다. 이는 우리 사회에서 대학입시라고 하는 현실적인 요구가 강하게 영향을 끼치므로 기독교학교에서도 입시에 대한 준비가 학교교육의 많은 부분들을 결정해버리는 결과이기도 하다. 그러나 이와 더불어 기독교학교에 종사하고 있는 교육자들이 갖는 기독교교육에 대한 관점도 이러한 기독교학교교육에 중요한 역할을 하고 있었다. 즉 신앙교육과 지식교육에 대한 분리적 관점이나 지식교육을 입시교육으로 보는 협소한 관점이 기독교학교들의 진정한 기독교교육을 막는 요인으로 작용하기도 했다.

이 연구결과를 토대로 앞으로의 기독교학교교육에 대한 실천과 연구를 위해 다음과 같이 세 가지를 제안하는 바이다.

첫째, 기독교학교에서의 기독교교육에 대한 체계적인 연구가 더 많이 필요하다. 기독교교육이 종교교육을 넘어 모든 교과교육에서 이루어져야 하며 교과 외 교육활동에서도 실시되어야함은 많은 이들이 동의하는 바이다. 그러나 기독교학교에서의 교육이 어떻게 이루어지는 것이 기독교교육인지에 대한 논의는 참으로 부족하다. 종종 언급되는 기독교세계관에 의한 교육과정에 대해서도 더 깊은 연구가 필요하며 이를 위해 성경적 지식관에 입각한 수업의 내용과 수업의 방법에 대한 활발한 논의가 요청된다고 할 수 있다. 그리고 기독교교육적 관점에서 실력, 시험 (평가) 등의 개념도 보다 체계적으로 재정립되어야 한다.

둘째, 대학입시에서의 결과가 학교에 대한 평가로 작용하는 현실에서 기독교학교들도 입시에 매달릴 수밖에 없게 된다. 그러므로 기독교학교에 대한 평가가 어떻게 이루어져야 할지에 대한 연구가 활발하게 일어나야 한다. 나아가 입시 외에 기독교학교에 대한 총체적 평가를 할 수 있는 도구를 개발할 필요가 있다.

셋째, 이 연구는 세 개 학교에 대한 사례연구이다. 이들 학교에 대한 심도 있는 연구는 이루어졌지만 그 연구 결과가 나머지 기독교학교들에도 적용된다고 할 수 없다. 그러므로 보다 많은 표집을 대상으로 한 양적연구가 이루어질 때 우리나라 기독교학교에서의 교육과 입시와의 관계가 보다 온전하게 규명되리라 생각된다.

참고 문헌

강무섭 외 (1990), 『입시 위주 교육의 실상과 대책(I)』, 한국교육개발원.

강무섭 외 (1992a), 『입시 위주 교육의 실상과 대책(II)』, 한국교육개발원.

강무섭 외 (1992b), 『입시 위주 교육의 실상과 대책(III)』, 한국교육개발원.

강영택 (2007), "기독교대안학교의 향후과제" 한국기독교대안학교의 현실과 과제, 기독교학교교육연구소 주최 세미나 자료집, 2007.03.

강영혜 외 (2005), 『고교평준화정책의 적합성 연구 (III) – 한국교육의 실태와 보완과제』, 한국교육개발원 연구보고 RR 2005-9

고용수 (2004), "기독교학교의 정체성 재확립", 『기독교학교교육』, 5집, 28-51.

기독교학교교육연구소 (2007), 『기독교대안학교 가이드』, 서울: 예영.

김선요 (2004), "기독교대안학교교육의 현황과 비전", 『교육교회』, 10월호, 4-9.

대한사립중고등학교장회 (1987), 『중등교육의 현실과 전인교육』, 서울: 신정문화사.

박상진 (2007), "기독교학교의 정체성 재확립을 위한 전략과 한국교회의 역할", 한국 기독교계 사립학교의 자율성 및 정체성 재확립을 위한 과제, 기독교학교교육연구소 주최 심포지움 자료집, 2007.02.

박봉목 (2004), "한국기독교학교교육의 진수", 『기독교학교교육』, 5집, 64-77.

손원영 (2007), "기독교학교에서의 기독교교육의 진단과 평가, 그리고 새 방향" 『기독교학교교육』, 6집, 48-74.

신기영 (2007), "기독교학교의 건학이념 구현을 위한 기독교학교의 내적인 개선방안", 한국 기독교계 사립학교의 자율성 및 정체성 재확립을 위한 과제, 기독교학교교육연구소 주최 심포지움 자료집, 2007.02.

양금희 (2000), "기독교학교, 학교교육의 대안인가?", 『교육목회』, 12월호, 39-46.

양승실 (2003), 『대학입학제도의 운영 실상과 영향 분석 연구』, 한국교육개발원 연구보고 RR 2003-4.

이영호 (2002), "입시경쟁 교육체제에서의 청소년 학습문화", 『교육사회학연구』, 12(1), 135-171.

정범모 (1993), 『교육의 본연을 찾아서』, 서울: 나남.

정희영, 정희정 (2005), "한국 기독교학교 교육의 현황과 그 대안", 『신앙과 학문』, 10(2), 169-211.

조용환 (1999), 『질적 연구- 방법과 사례』, 서울: 교육과학사.

존 볼트 (2006), 『이야기가 있는 학교』, 서울: IVP.

홍순명 (1998), 『더불어 사는 평민을 기르는 풀무학교 이야기』, 서울: 내일을 여는 책.

Lincoln & Guba (1985), *Naturalistic Inquiry*, Thousands Oaks, CA: Sage Publications

Stake, R. E. (2000), "Case Studies"(pp.435-454). In Yvonna Lincoln and Norman Denzin (Eds,) *Handbook of Qualitative Research*. Thousands Oaks, CA: Sage Publications.

Stronks, G. & Blomberg, D. (1993), *A Vision with a Task*, Grand Rapids, MI: Baker

Wolterstorff, N. (1980), *Educating for Responsible Action*, Grand Rapids, MI: CSI Publications

Yin, R. (2003), *Case Study Research: Design and Method*. Thousands Oaks, CA: Sage Publications